WANGLUO SHEHUI BEIJINGXIA
ZIBEN SHIYONG XIAOLÜ
YINGXIANG YINSU YANJIU

网络社会背景下资本使用效率影响因素研究

杨小平 ◎ 著

中国财经出版传媒集团

经济科学出版社
Economic Science Press

图书在版编目（CIP）数据

网络社会背景下资本使用效率影响因素研究／杨小平著．—北京：经济科学出版社，2022.4
ISBN 978 - 7 - 5218 - 3607 - 3

Ⅰ. ①网…　Ⅱ. ①杨…　Ⅲ. ①资本经营 - 影响因素 - 研究　Ⅳ. ①F272.3

中国版本图书馆 CIP 数据核字（2022）第 059538 号

责任编辑：李　军　谭志军
责任校对：郑淑艳
责任印制：范　艳

网络社会背景下资本使用效率影响因素研究

杨小平　著

经济科学出版社出版、发行　新华书店经销
社址：北京市海淀区阜成路甲 28 号　邮编：100142
总编部电话：010 - 88191217　发行部电话：010 - 88191522
网址：www. esp. com. cn
电子邮箱：esp@ esp. com. cn
天猫网店：经济科学出版社旗舰店
网址：http://jjkxcbs. tmall. com
北京季蜂印刷有限公司印装
710 × 1000　16 开　9.75 印张　150000 字
2022 年 5 月第 1 版　2022 年 5 月第 1 次印刷
ISBN 978 - 7 - 5218 - 3607 - 3　定价：46.00 元
（图书出现印装问题，本社负责调换。电话：010 - 88191510）
（版权所有　侵权必究　打击盗版　举报热线：010 - 88191661
QQ：2242791300　营销中心电话：010 - 88191537
电子邮箱：dbts@ esp. com. cn）

前　言

　　自从 2008 年美国次贷危机以来，世界主要经济体货币逐步进入宽松模式，同时世界各地相继暴发新冠肺炎疫情，使得欧美国家进一步量化宽松，全世界货币存量日益增加。在此期间我国也被动相继进入宽松模式，货币存量及增量都相对较高。据央行统计数据显示：截至 2018 年 12 月末，广义货币（M_2）余额为 182.67 万亿元，同比增长 8.1%。M_2/GDP 作为衡量经济货币化程度的一个相对指标，2016 年末甚至达到 2.08，这意味着可能需要 2 倍多的 M_2 才能推动单位 GDP 的增长，一定程度上说明我国市场上流通的货币量实际利用效率呈现递减现象。此外，DEBT/GDP 作为衡量样本企业杠杆率的一个参照指标，整体呈上升趋势，表明我国社会总体杠杆水平处于持续增加态势。而我国企业现金持有水平基本保持在 0.15 左右，高于国外水平（杨小平，2014），说明一方面公司高杠杆负债融资支付高昂利息费用，另一方面却持有大量现金，显著影响公司资本使用效率。可见，伴随着流通中货币量的增加，债务资本规模的日益庞大，企业存在着利用高杠杆进行大量非效率投资的行为，说明我国公司资本使用效率有待提升，债务资源配置结构亟待优化。

　　此外，当前我国还形成了实体经济高杠杆与金融信贷高杠杆并举的不良局面。其中实体领域体现为过度负债，据央行统计数据显示，企业部门的杠杆率高达 165%，超过国际警戒线，并且国有企业债务问题表现得尤为突出，"僵尸企业"在大量吸取信贷资本后，呈现出的投资过度等投资效率低下问题引发学者关注。优化资本结构、控制信贷规模与债务风险，引导信贷本支持实体经济的发展，这些始终是历届政府制定经济政策考虑的重点。从实践角度来看，开展企业资本使用效率方面的研究显得尤为重要。此外，从理论研究现状来看，现有关于投资效率影响因素研究涵盖终极所有权、企业性质、管理者特质和资本结构等诸多领域（李焰、秦义虎和张肖飞，2011；刘慧龙、王成方和吴联生，2014；窦炜、马莉莉和刘星，2016），但大多是基于静态的研究视角，在资本结构上较少区分债务资本与权益资本，在样本分析上较少划分投资过度和投资不足。而少部分研究债务资本投资效率的文献也更多关注债务资本治理效应对公司投资效率的影响（李胜楠，2011；解陆一，2013；陆嘉玮、陈文强和贾生华，2016；马红和王元月，2016；江伟，2011），系统进行资本使用效率度量及其相关影响因素方面的研究总体较少。

社会关系对公司经营具有显著影响。一般而言，包括外部投资者在内的社会公众主要通过公司报表和公告进行信息交流。传统的信息披露方式主要以"发布"形式进行，公众则更多是被动"接收"和自我有限"解读"，缺乏足够的互动与参与，同时对公司治理的监督作用几乎可以忽略。虽然以财经媒体为核心的媒介通过对公司内外部信息的深度挖掘和专业调查分析，能够一定程度上提高公司信息透明度，降低信息不对称，对终极控制人和管理层的行为起到监督作用，形成外部治理效应，但公众尤其是外部投资者通过媒体方式参与或影响公司治理作用依然没有有效途径。伴随互联网技术的发展，以微博、微信、推特（Twitter）、脸书（Facebook）等为代表的新媒体在信息传播方面扮演着越来越重要的作用，成为企业宣传和发布重大信息的重要渠道。与传统媒介相比，新媒体在信息扩散速度、使用成本、便捷程度等方面具有显著的优势。布兰克斯波尔等（Blankespoor et al.，2014）研究发现，如果公司同时在传统信息披露渠道和Twitter上披露信息，会明显降低股票买卖差价，缓解信息不对称，提升股票流动性。在我国，以新浪微博、腾讯微博、微信、QQ为主构成了社交领域的主要平台。其中新浪微博是企业发布公开信息的主要平台，在缓解信息不对称和提高治理效率方面发挥着越来越重要的作用。

货币政策是国家调控经济运行的重要手段和工具，与微观公司传导机制和市场反应的调整机制非常复杂。债务契约包括债务规模、债务期限结构、债务资本成本等内容，其对债务资本使用效率具有一定的调节作用。根据啄食顺序理论①，债务资本成本低于权益资本成本，但是风险远大于权益资本成本，因此如何利用债务资金并控制好规模对企业的资本决策是一个非常艰难的挑战。根据修正 MM 模型，财务杠杆降低了公司税后的资金成本，影响公司价值。而后最优资本结构决策及其影响因素受到学术界高度关注（肖作平、李焰、秦义虎和张肖飞，2011；刘慧龙、王成方和吴联生，2014；窦炜、马莉莉和刘星，2016）。由于货币政策、融资约束、公司资本使用效率和内部治理水平等内外原因，各公司的资本结构决策会存在显著不同。融资约束较强的企业比如民营企业对货币政策的敏感性会比较明显，在宽松货币政策期间会提高负债进以增加现金储备，存在预防性动机，这类企业的债务融资存在"蓄水池"效应。近年我国实体经济高杠杆与金融信贷高杠杆并举，实体领域体现为过度负债，企业部门的杠杆率高达 165%。我国公司现金持有水平基本保持在 0.15 以上，高于国外水平（杨小平，2014）；广义货币（M_2）截至 2018 年 5 月已经突破 170 万亿元；作为衡量经济货币化程度指标的 M_2/GDP，2017 年超过 2，远高于世界平均水平；而依据理查森（Richardson）投资效率模型显示，我国企业非效率投资长期处于较高水平。

　　本书分别从网络社会关系、货币政策和债务契约三个维度对公司资本使用效率的影响进行了研究。借鉴陈等（Chen et al.，2011）的研究方法，采用投资效率作为资本总体使用效率的替代变量，开展网络社会关系对资本使用效率的影响研究；然后利用理查森的方法，结合最优现金持有水平的回归模型，对债务资本使用效率进行度量，并以此为基础，开展货币政策、债务契约等因素对债务资本使用效率的影响分析，同时对融资约束和公司所有权性质的中介调节效应进行了检验。通过研究得到了如下发现：第一，网络社会关系对公司资本使用效率具有显著影响，能够对传统媒体

---

① 啄食顺序理论（pecking order theory）：经济学理论是指在内源融资和外源融资中首选内源融资；在外源融资中的直接融资和间接融资中首选间接融资；在直接融资中的债券融资和股票融资中首选债券融资。

的监督治理作用起到扭偏效果，对提升资本实用效率具有显著作用；第二，货币政策调整与债务资本使用效率存在双向互动影响，货币政策在调节经济过热或过冷的时候，会对企业的经营行为和资本结构决策带来关键影响，由于融资约束等因素的存在，使得企业会在货币宽松时筹集并持有过量资金，影响债务资金的使用效率；第三，债务成本、债务期限结构和债务规模对公司债务资本使用效率具有显著影响，而且国有企业性质上市公司的影响要显著弱于非国有上市公司，融资约束的存在也会进一步加剧降低债务资本使用效率，影响公司价值。

本书的出版得到了曹冬梅教授、李明先生、赖丽洁女士、李晓明博士和郑小玉同学的支持帮助。其中在债务资本使用效率测算、影响因素内容的研究中得到了李明先生和赖丽洁女士的帮助，他们在文献和数据资料收集分析整理和观点提炼过程中付出了非常宝贵的努力而且做出了重要的贡献；曹冬梅教授在网络社会关系方面的研究中给予了非常多的指导；在全书出版前的校稿过程中，李晓明博士和郑小玉同学给予了很多的协助；在此一并表示感谢！

杨小平

2022 年 3 月

目　录

第1章

绪　论

1.1　研究背景

社会关系对公司经营具有显著影响，一般而言，包括外部投资者在内的社会公众主要通过公司报表和公告进行信息交流。传统的信息披露方式主要以"发布"形式进行，公众则更多是被动"接收"和自我有限"解读"，缺乏足够的互动与参与，同时对公司治理的监督作用几乎忽略。虽然以财经媒体为核心的媒介通过对公司内外部信息的深度挖掘和专业调查分析，能够一定程度上提高公司信息透明度，降低信息不对称，对终极控制人和管理层的掏空行为起到监督作用，形成外部治理效应，但公众尤其是外部投资者通过媒体方式参与或影响公司治理作用依然没有有效途径。伴随互联网技术的发展，以微博、微信、Twitter、Facebook 等为代表的新媒体在信息传播方面扮演着越来越重要的作用，成为企业宣传和发布重要信息的重要渠道。与传统媒介相比，新媒体在信息扩散速度、使用成本、便捷程度等方面具有显著的优势。布兰克斯波尔等（2014）研究发现，如果公司同时在传统信息披露渠道和 Twitter 披露信息，会明显降低股票买卖差价，缓解信息不对称，提升股票流动性。在我国，以新浪微博、腾讯微博、微信、QQ 构成了社交领域的主要平台。其中新浪微博是企业发布公开信息的主要平台，在缓解信息不对称和提高治理效率方面发挥着越来越重要的作用。

自从 2008 年美国次贷危机以来，世界主要经济体货币逐步进入宽松模式，同时世界各地相继暴发新冠肺炎疫情，使得欧美国家进一步量化宽松，全世界货币存量日益增加。在此期间我国也被动相继进入宽松模式，货币存量及增量相对都比较大。据央行统计数据显示：截至 2018 年 12 月末，广义货币（M_2）余额为 182. 67 万亿元，同比增长 8. 1%。M_2/GDP 作为衡量经济货币化程度的一个相对指标，从图 1 – 1 中可以发现，其呈现整体快速攀升的趋势，2016 年末甚至达到 2. 08，这意味着可能需要 2 倍多的 M_2 才能推动单位 GDP 的增长，一定程度上说明我国市场上流通的货币量实际利用效率呈现递减现象。此外，DEBT/GDP 作为衡量样本企业杠杆率的一个参照指标，从图 1 – 1 中可以发现呈整体上升趋势，表明我国社会总体杠杆水平处于持续增加态势。而我国企业现金持有水平基本保持在 0. 15 左右，高于国外水平（杨小平，2014），说明一方面公司高杠杆负债融资支付高昂利息费用，另一方面却持有大量现金，显著影响公司资本使用效率。最后，从图 1 – 1 中还可以发现，在我国货币政策宽松、杠杆率攀升以及企业持有过多现金的多重背景影响下，资本投资效率却呈现出较为低迷的态势。可见，伴随着流通中货币量的增加，债务资本规模的日益庞大，企业存在着利用高杠杆进行大量的非效率投资行为，具体表现为投资过度与投资不足。这说明我国公司债务资本使用效率有待提升，债务资源配置结构亟待优化。

此外，当前我国还形成了实体经济高杠杆与金融信贷高杠杆并举的不良局面。其中实体领域体现为过度负债，据央行统计数据显示，企业部门的杠杆率高达 165%，超过国际警戒线，并且国有企业债务问题表现得尤为突出，"僵尸企业"在大量吸取信贷资本后，呈现出的投资过度等投资效率低下问题引发学者关注。优化资本结构、控制信贷规模与债务风险，引导信贷资本支持实体经济的发展，这些始终是历届政府制定经济政策考虑的重点。2018 年两会上李克强总理在政府工作报告中对于提高信贷资源配置效率以及强化对实体经济的支撑寄予厚望①。央行前行长周小川更是

---

① 李克强回顾过去五年工作：取得历史性成就、发生历史性变革［EB/N］. 中新网，chinanews. com. cn.

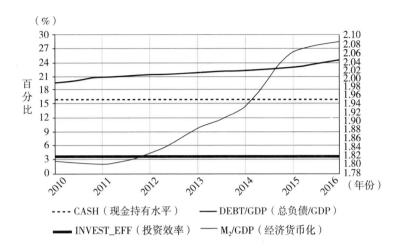

图 1 - 1　2010 ~ 2016 年 CASH、DEBT/GDP、M₂/GDP 与投资效率趋势分布

注：投资效率参考理查森投资效率度量模型，取回归模型残差的绝对值。此外，图中 M₂、GDP 数据来自国家统计局《统计年鉴》，其他指标数据来自 CSMAR 数据库。除 M₂/GDP 取值对应右侧纵坐标数值外，其他指标均采用的是左侧纵坐标的百分比数值。

发文强调，降低企业杠杆率，有效化解金融风险，避免经济出现"明斯基时刻"①。因而，从实践角度来看，开展企业资本使用效率方面的研究显得尤为重要。此外，从理论研究现状来看，现有关于投资效率影响因素研究涵盖终极所有权、企业性质、管理者特质和资本结构等诸多领域（李焰、秦义虎和张肖飞，2011；刘慧龙、王成方和吴联生，2014；窦炜、马莉莉和刘星，2016），但大多是基于静态的研究视角，在资本结构上较少区分债务资本与权益资本，在样本分析上较少划分投资过度和投资不足。而少部分研究债务资本投资效率的文献也更多关注债务资本治理效应对公司投资效率的影响（李胜楠，2011；解陆一，2013；陆嘉玮、陈文强和贾生华，2016；马红和王元月，2016；江伟，2011），而系统进行资本使用效率度量及其相关影响因素方面的研究总体较少。

针对以上研究背景，本书在文献理论分析梳理的基础上，提出了网络

---

① 周小川谈系统性金融风险：重点防止"明斯基时刻"［EB/N］. 财经_腾讯网，qq. com.

社会关系、货币政策等对资本使用效率影响的理论模型。然后以我国沪深A股上市公司 2001~2016 年的面板数据为研究样本，以代理理论和信息不对称理论为理论基础，以理查森（Richardson）投资效率模型和奥普勒等（Opler et al.）最优现金持有模型为方法支撑，开展我国公司资本使用效率及其影响因素研究。本书试图提出并解决以下问题：首先，公司资本使用效率如何测算？其次，我国上市公司当前资本使用效率如何？最后，资本使用效率可能受哪些主要因素的影响，以及这些影响因素的具体作用机制如何？

通过本书的研究一方面可以为当前我国去杠杆、去产能以及金融供给侧改革等政策落地实施提供一定的理论依据，另一方面也为企业加强债务资本管理，提高债务资本使用效率提供一定的经验参考。对于优化我国债务资本管理、合理配置信贷资源、强化债务风险控制具有一定的理论价值和实践意义。

1.2 研究意义

1.2.1 理论意义

本书理论意义主要体现如下三个方面：第一，率先对网络社会关系在公司资本使用效率治理中的作用进行了理论研究与实证检验，扩充了公司资本使用效率和公司治理的研究视野。通过实证检验发现，网络社会关系能够显著促进资本使用效率的提升，民营企业的效果更为明显，证明了网络社会关系在资本使用效率中的外部治理效应。该结论从理论上对公司治理和资本使用效率研究进行了扩充，并为进一步研究互联网等信息技术与公司经营行为的关系提供了一个新的视角。第二，通过对网络社会关系影响资本使用效率机理的研究，发现网络社会关系对传统媒体报道具有显著的"纠偏"效应，为研究媒体监督对公司治理的影响提供了新的场景。本书通过检验揭示了媒体正面报道、负面报道及报道倾向性公司资本使用效率的影响呈现显著负相关关系，失去了对资本使用效率的治理作用。引入网络社会关系变量后，网络社会关系和投资机会分别与媒体报道总数、正面报道、负面报道及报道倾向性的交互项与新增投资呈显著正相关关系，表明网络社会关系能够帮助公司抑制媒体报道对资本使用效率的负向影响，对公司资本使用效率具有显著的治理效应，起到了"纠偏性"治理作用；进一步研究发现，网络社会关系广度和深度是公司抑制媒体报道对资本使用效率负向影响的关键因素，是发挥网络社会关系公司治理作用的重要途径。该结论对于传统媒体监督及公司治理研究提供了一个新型的社会媒体关系场景，有助于进一步扩充和完善媒体的治理研究。第三，综合考察包括债务资本在内的资本使用效率影响研究有助于进一步拓展公司债务治理研究视野。债务资本是公司重要的资金来源，对公司价值和公司成长都具有重要影响，同时对公司治理优化也有一定的作用，因此提高公司债务资本使用效率对于公司价值具有重要意义。然而，现有文献成果尚未对债务资本使用效率进行系统研究，其原因可能基于这样的逻辑思考：投资效率包含了公司债务资本使用效率，单独切割债务资本使用效率进行研究理论意义不大。但实际情况却是：首先，债权人治理效应和所有权治理效应基于利益上的差别会导致债务资本与权益资本在投资期限、融资约束、使用效率等方面存在较大的差异；其次，我国国有企业拥有更多债务资本的获取机会，债权人与所有者同质性会导致更为严重的资金囤积或过度投资，降低债务资本使用效率并导致资本市场债务资源配置问题；最后，债务资本与权益资本在经济后果上也可能存在显著的差异性。因此，在宽松货币政策和产能过剩背景下，开展我国债务资本使用效率及其影响因素的研究具有较强的理论价值。

1.2.2　实践意义

本书研究成果实践方面的意义主要体现在三个方面：第一，在数字经济建设背景下，对中国公司重视和加强利用网络社会关系完善公司治理机制、提升运营水平和推进国际化经营都具有积极的现实指导价值。发展数字经济已经成为世界主要国家都高度重视的国家战略，网络社会关系具有全球性的快速扩散效应，充分利用网络平台构建起包括消费者、投资者和社会组织机构在内的公司网络社会关系，对于完善公司治理机制、加强产品与服务推广、推进公司国际化运营具有非常重要的现实意义。第二，在数字社会建设背景下，对政府加强网络社会媒体和传统媒体建设，发挥他们的监督作用，对提高经济投资效率具有启发性指导意义。加强对微观投资的引导和调控，进而提升经济投资效率已经得到理论界和实务界的高度认同，本书发现媒体监督失去投资效率的治理效应，而网络社会关系起到了显著的"纠偏性"作用，提高了公司投资效率。在数字化社会背景下，网络社会关系具有独特的环状、链状、树状等传播结构，显著增强信息聚合与裂变的可能，政府可以充分利用并加强网络社会媒体和传统媒体建设，增强他们在公司投资效率治理中的作用，帮助提升整体的经济投资效率水平。第三，近年来，伴随我国经济较快发展，国家货币政策整体较为宽松，货币的存量和增量都较大，对于企业而言具有更多的机会获得银行贷款，可能会使得一些企业的债务融资规模超过了本身的实际需求，存在利用负债过度投资和囤积现金的现象，降低了债务资源配置效率。比如，相当长一段时期以来，国家有关部门就企业违规使用贷款资金进入股市、期市等有较大风险投资市场做出警示，说明我国较多企业存在通过负债等方式囤积资金资产，浪费债务资源现象较为严重；同时我国各主要行业存在严重的产能过剩问题，折射出我国一些行业过度投资问题较为严重。这都说明了我国公司债务资本使用效率有待提升，债务资源配置亟待优化。然而现有相关理论却很少单独就债务资本使用效率进行深入研究，而展开债务资本使用效率的研究则有助于将债务资源集中囤积和过度投资问题揭示出来，相关结论也有助于为优化我国债务资源配置提供理论支撑。因此，开展债务资本使用效率的研究，对于发展和完善我国资本市场和优化债务资源配置具有一定的实践意义。

综上所述，基于中国资本市场现已跃居全球第二，债务资本规模日益庞大的现实背景，如何提升我国债务资本使用效率，对于解决债务资本非效率使用问题以及优化债务资源配置效率具有重要的理论和实践意义。

1.3 研究内容

本书研究内容主要分为以下几个方面：

第1章：绪论。主要阐述本书开展的研究背景、意义、内容，以及采用的研究方法。

第2章：文献述评与理论分析。对资本使用效率及其影响因素进行较为详细的文献梳理和相关理论分析，明确现有研究现状和存在的研究问题。

第3章：网络社会关系对资本使用效率的影响。在相关文献理论分析基础上，提出网络社会关系对资本使用效率的研究假设，并利用经验数据开展实证检验。

第4章：货币政策对债务资本使用效率的影响。包括债务资本投资不足与投资过度两种非效率使用行为的测算公式。一方面，阐述债务资本使用效率测算的理论依据和基本原理，构建债务资本使用效率测算的理论研究框架；另一方面，在经典投资效率模型的基础上，着重综合考虑债务资本使用过程中的两种主要分配行为，即：实际投资部分以及未投资部分形成的现金流，从而分别设计相对应的模型残差予以替代度量，最终测算出债务资本使用效率度量指标。

第5章：资本使用效率与货币政策的交互影响。公司投资效率与货币政策的影响机理非常复杂，是公司财务和宏观经济的重点研究领域。现有文献涵盖资本结构、融资约束和债务期限水平等领域，宏观货币政策通过信贷等传导机制影响企业投融资行为，影响资产价格。本章提出了研究债务资本使用效率与货币政策的理论框架，借助相关模型进行实证检验，发现资本使用效率与货币政策存在交互影响，结论有助于解释我国公司高杠杆融资进行过度投资的现象。

第6章：债务契约与债务资本使用效率。在文献与理论分析的基础上，提出了债务企业与债务资本使用效率的研究假设，并在此基础上进行实证检验。分别考察债务资本基本属性和公司治理对债务资本使用效率产生的影响。以及这些因素是否受到融资约束环境以及企业性质调节作用的影响。一方面，探讨债务总规模、债务使用成本和债务期限水平对债务资本使用效率的影响机理；另一方面，探讨高管腐败、两权分离度对债务资本使用效率的影响机理。利用 Stata 统计软件进行样本分组回归分析，为检验研究假设提供实证依据。

第 7 章：结论、建议与展望。得出研究结论并针对不同市场主体提出相应改进意见，最后指出研究局限性及未来研究展望。

1.4　研究方法

本书在不同阶段和不同专题中所具体使用的方法如下：

（1）理论研究方法。初期阶段，更多采用的是文献研究方法，将广泛收集和整理国内外有关投资效率相关的研究文献，理清相关研究成果和脉络，提出相关假设和理论观点，从而为本书后续研究奠定了理论基础。

（2）实证研究方法。本书在资本使用效率影响因素研究的过程中，拟采用多元回归的方法进行研究假设的实证检验。借鉴理查森（2006）投资效率度量模型和奥普勒等（1999）最优现金持有模型，构建债务资本使用效率测算方法。并在此基础上实证检验网络社会关系对资本使用效率、货币政策对资本使用效率、债务期限对债务资本使用效率的影响及影响机理检验研究。

第2章

文献述评与理论分析

2.1　资本使用效率文献综述

资本使用效率在文献领域更多地被看作公司投资效率的一个部分，直接对其进行研究的较少，然而国内外现有文献从投资过度、投资不足视角探讨资本结构对于非效率投资影响的文献却较为丰富。

2.1.1　资本使用效率国外研究综述

詹森和米克林（Jensen and Meekling，1976）从委托代理理论视角阐述了债务筹资与投资效率之间的关系，并借助数学量化分析的方法揭示了代理问题是造成资本使用非效率的重要原因，并且肯定了债务资本对于代理问题的解决具有积极的意义。随后迈尔斯（Myers，1977）基于资产扩张理论进一步探讨负债水平和投资效率之间的关联，并创造性地提出投资不足研究假说。后来学者进一步完善这方面的理论研究，其中较具代表性的是迈尔斯和马吉鲁夫（Myers and Majiluf，1984）对于优序融资理论的阐释，较为充分地阐述了现金流、资金来源结构与投资活动三者间的内在关系。这给詹森（1986）的研究提供了巨大启发，其进一步详细论证了三者之间的勾稽关系和传导机制，认为债务融资通过约束企业自由现金流进而起到抑制过度投资的作用。而这在随后学者中得以进一步验证，斯图斯（Stulz，1990）提出债务融资基于定期还本付息的特点对于企业现金流的稳定起着重要的监控作用。此外，詹森（1986）、兰詹和米兰达（Ranjan and Miranda，2009）等研究发现债务资本治理效应可以降低代理成本、提高公司投资效率，而这随后遭到萨卡尔（Sarkar，1999）的质疑。本靳姆利和比塔尔（Benlemlih and Bitar，2016）对社会责任与资本效率进行了研究，发现社会责任水平与资本效率正相关。阿波尔和比克佩（Abor and Biekpe，2007）以新兴市场经济国家为样本，进一步证实了债务资本对于企业价值和投资效率的重要的地位。

2.1.2　资本使用效率国内研究综述

由于我国资本市场不够成熟，企业资金来源渠道有限，信贷资金仍然是广大中小企业主要资金来源（张勇，2011）。探讨债务资本对于企业投资效率的影响一直是学者关注的重点，一部分学者认为，债务资本对于企业非效率投资可能起着推波助澜的作用（熊虎和沈坤荣，2019；李强，纪佳君和巨航宇，2014），而另一部分学者却认为，债务资本可以充当监护人的角色，对企业非效率投资行为起着很好的约束和制衡作用（邵林，2018；黄荷暑和许启发，2017；陈艳、郑雅慧和秦妍，2017）。当然也有少数学者结合预算约束等角度认为债务资本效应对于抑制非效率投资行为具有不确定性，其具体作用效果其实并不明显（张亦春、李晚春和彭江，2015）。此外，为进一步探讨债务资本的具体作用机制和影响机理，国内学者还分别从债务期限结构（张亦春、李晚春和彭江，2015；杨继伟，2016；花中东、贾子超和徐睿阳等，2017）、债务规模（邓路、刘瑞琪和江萍，2017）、资本成本（邹颖、汪平和李思，2016）、融资约束（杨晓玮，2015；武文杰，2016；王春艳，2018）和企业性质（解陆一，2013；陆嘉玮、陈文强和贾生华，2016；谭本艳和胡雅菁，2016）等角度进行详细的理论分析和实证检验。其中较具代表性的研究观点有：国内学者谭本艳和胡雅菁（2016）研究发现，短期债务可以抑制企业的过度投资，同时非国有企业抑制作用比国有控股企业更好。林毅夫则从预算软约束方面探讨了企业债务资本与投资非效率的关系，研究发现，企业预算软约束问题使得信贷资本的增加不仅起不到制约作用，还会提升道德风险，引发不良贷款问题。这与范从来、丁慧、张淦（2016）得出的研究结论存在差异，他们积极肯定了债务资本在改善民营企业公司治理以及约束非效率投资行为等方面的作用。但是，对于国有上市公司而言，这种作用并不明显（胡晓、刘斌和蒋水全，2017）。此外，相关学者还从宏观角度探讨投资效率相关影响因素。如靳庆鲁、孔祥和侯青川（2012）从宏观经济层面出发，认为经济政策变革与投资效率的影响呈现非线性关系。

综上分析可以发现，当前国内外对债务资本影响投资效率的研究成果还比较丰富，同时也结合我国制度环境进行了分析。但是尚未有成果对债务资本本身的使用效率进行研究，为本书的研究工作留下了一些研究空间。

2.1.3　债务资本使用效率研究综述

有关债务资本使用效率的理论文献成果非常稀少，可能是因为主流的理论成果认为公司的投资效率是可以涵盖债务资本使用效率的。这样的思维假定是：债务资本和权益资本都属于公司资本，在投资效率和公司价值贡献上具有同质性，不具备分割的属性，因此将更多的精力放在了债务资本成本以及融资约束方面，而就债务资本使用效率上的分析则更多是考察公司的整体投资效率，然后将资本结构因素作为变量放入模型，考察资本结构本身对投资效率和公司价值的影响，进而对债务资本价值进行判断。

然而事实上，债务资本和权益资本对使用效率的偏好以及由此可能带来的经济后果是存在显著差别的。首先，有足够监管能力的债权人对负债资本的权益追索权会促进公司治理机制的优化，促使公司提升债务资本的使用效率（卢馨等，2015），带动整个公司的投资效率优化，提高资源配置效率。其次，我国上市公司通过股权融资获得的权益资本多来自外部中小投资者，由于信息不对称和内部控制人效应以及大股东的控股地位等原因，使得中小投资者缺乏足够的能力对公司的投资行为进行监管。在投资行为发生时，如果债务资本占项目资金比例小于权益资本，公司的过度投资行为更多源于高管腐败或者大股东掠夺效应，主导公司投资效率降低的更多是权益资本而非债务资本。如果相反，债务资本占比超过权益资本，债权人治理效应会对公司过度投资行为产生约束作用，提高债务资本使用效率。最后，我国存在规模庞大而又数量众多的国有企业，由于政府干预等因素的影响，国有企业获取国有银行的负债融资具有更多的优势，而且国有银行作为债权人对债务资本使用效率的监管要求明显低于民营企业。同时作为大股东的国资委对高管行为的监管方面也要明显弱于民营企业。黄福广等（2005）在国有控股公司中，由于所有者缺位，股东对于经营者监控不够，明显存在着过度投资行为，投资决策扭曲。因此，这种多重因素影响下，会带来国有企业高管更倾向于投资，产生严重的过度投资现象，降低债务资本使用效率。

2.2　资本使用效率测算方法文献综述

现有研究对于非效率投资、资本使用效率的测算方法较为丰富，但关于如何准确度量债务资本使用效率一直存在一定争议，分述如下。

2.2.1　非效率投资测算方法概述

在资本投资效率测算方法方面，现有学者更加侧重于非效率投资的测算。通过测算资本投资过度与投资不足两种非效率投资行为进而间接实现对资本投资效率的整体度量。目前非效率投资行为的度量方法主要有行业平均替代法、投资—现金流敏感性模型、沃格特（Vogt）模型和理查森投资效率度量模型。

其中行业平均替代法的核心在于通过衡量企业所在行业的整体平均投资水平来近似代替企业最优投资水平。高于或低于行业平均投资水平都会造成投资非效率。这一方法虽然简单明了、易操作，能够帮助企业衡量自身与行业平均值之间的差距，但由于平均值易受样本极值的影响，因而存在较大误差。为改进此方法，法扎里、哈伯德和彼得森（Fazzari, Hubbard and Petersen）设计出投资—现金流敏感性模型，通过构建投资支出与自由现金流之间的敏感关系，进而测算企业融资约束状态和非效率投资行为。这一模型曾在一定时间内得到认可，但随后遭到卡普兰和辛盖尔斯（Kaplan and Zingales）的质疑，他们认为代理问题和过度投资可能对二者敏感性关系造成影响。此后，大量的学者开始考虑如何对这一模型进行改进。其中较为代表性的学者是沃格特和理查森，他们基于前人研究分别提出沃格特模型和理查森投资效率度量模型。沃格特很好地解释了前人对于投资—现金流敏感性模型存在的疑虑问题，并且首次将投资机会（Q）加入原有模型中，还专门设计投资机会（Q）与自由现金流之间的交叉变量，使得改进后的模型较好地弥补了原有方法的缺陷。然而遗憾的是沃格特模型很难从定量的角度准确度量非效率投资行为，并且用 Q 值完全衡量企业投资机会也有不妥的地方。

为克服以上度量方法的缺陷，理查森进一步完善原有投资效率度量模型，通过在模型中加入一系列用于衡量企业规模、成长能力、盈利能力等变量构建出企业最优投资估算模型，回归模型残差表示企业实际投资与最优投资之间的差额，将其作为投资非效率的替代变量。理查森投资效率模型首次解决了投资非效率量化的难题，成为目前国内外度量资本投资效率较为成熟的一种方法。由于该模型具有较好的适用性，得到国内广大学者的认可和引用（程新生、谭有超和刘建梅，2012；王仲兵和王攀娜，2018；刘志远和靳光辉，2013；苗艳杰，2014）。

本书参考以上国内学者的做法，积极借鉴理查森（2006）投资效率模型重要思想，并将其作为后文资本使用效率测算方法的核心理论基础和关键方法依据。

2.2.2　资本使用效率测算方法概述

本书通过文献梳理发现，现有学者对于资本（金）使用效率测算方法主要有三种：具体包括财务指标分析法、DEA 和 EVAR。其中第一种方法强调从财务报表的角度，计算资产盈利能力和周转速度等相关财务指标，进而通过横向对比和纵向对比等方法实现对资本使用效率的相对评价。其优点是简单直接，通俗易懂；缺点是指标选取和计算具有较大的随机性。DEA 是一种衡量投入产出的相对效率评价的计量经济方法。虽然模型得出的结果具有相对统一性和可比性，但只能用作评价，无法作为实证分析的被解释变量，并且严重忽视资本成本和投资风险等关键因素易造成结论出现偏差。为改进以上方法存在的不足，学者们开始引入 EVA 与 EVAR，即经济附加值与经济附加值率，其有效考虑了资本成本，并且相对于财务指标分析方法而言，更具有综合性。因而在测算资本使用效率时得到国内学者较为广泛的应用（丁华和张梦茹，2016；池国华、杨金和郭菁晶，2016）。

通过对非效率投资测算方法和资本使用效率测算方法进行梳理，不难发现理查森（2006）投资效率模型和 EVAR 是当前学者在度量投资使用效率领域应用较为广泛的两种方法。由于本书不仅对债务资本非效率使用程度进行整体探讨，还重点关注债务资本两种具体的非效率使用行为，包括债务资本投资过度与投资不足。在进行债务资本使用效率影响因素分析时，不仅考察相关因素对债务资本非效率使用的影响，还进一步探讨这些因素是通过作用于投资不足还是投资过度进而造成投资非效率状态。显然，如果简单使用 EVA 或 EVAR 方法，虽然可以整体测算债务资本使用效率，但对于进一步区分投资过度与投资不足两种非效率行为显得无能为力。

2.3 资本使用效率影响因素文献综述

国内外关于债务资本投资效率、债务资本使用效率影响因素的研究较为丰富，涵盖债务总规模、债务期限水平、债务使用成本、公司治理结构、产权性质、政府干预和宏观政策等众多方面，为了后续研究的需要，本书将这些影响因素统一概括为两个方面：一方面是债务资本基本属性，主要包括债务总规模、债务使用成本和债务期限水平等，这些因素与债务资本本身存在着较为密切的关系；另一方面是公司治理内外部因素，主要包括公司所有权结构、产权性质、货币政策、金融环境等因素，这些因素通常是通过借助其他中介传导机制进而间接对投资效率产生影响。

2.3.1　基本概念界定

1. 资本使用效率概念界定

在界定资本使用效率之前，有必要先理解效率的内涵。效率从微观角度指市场经济主体投入与产出之间的相对比例，从宏观角度指有限资源的充分利用程度。通过文献整理发现，虽然现有研究对于资本使用效率的定义未达成共识，但基本都是从这两个角度进行研究。吴丹（2016）将债务资金利用效率定义为公司所融入的资金能否得到有效利用的能力。而季皓（2011）从代理问题探讨国有资本使用效率，并将其定义为内部资源的使用过程和配置效率。综上所述，本书将公司资本使用效率界定为：公司对融入资本进行过程管理、优化安排、充分利用以实现企业资本保值增值的能力。相对于资本投资效率而言，资本使用效率更加强调发挥经济主体对资本使用过程的有效管理和充分配置作用。

2. 债务资本概念界定

债务资本是指企业通过外部融资渠道借入并到期偿还的资金，具有使用用途较为明确并且每期收益基本固定等方面的特点。黄莲琴和屈耀辉（2010）将负债分为经营负债与金融负债，前者是企业为满足日常经营交易活动的需要与市场主体之间形成的商业信用，具有期限较短、周转较快的特点；后者是企业为经营战略需要以及扩大生产规模而举借的资金，如银行短期借款、长期借款、应付债券等。根据研究需要，本书将债务资本定义为：企业以扩大再生产等项目投资为目的而借入的较长期限的债务性资金，在内涵上主要指金融负债，剔除经营负债的部分。

3. 债务资本使用效率概念界定

较为准确的区分资本投资效率与债务资本使用效率二者之间的关系是本书后续开展的重要基础。二者既有联系又有区别。现有文献研究中，一般认为投资效率范围更广，即投资效率包括债务资本使用效率。但二者研究的侧重点不同，投资效率是从整体、宏观的角度考虑资本利用效率，忽略资本来源结构差异对投资效率的内在影响。而债务资本使用效率恰恰弥补了投资效率本身存在的缺陷，着重从微观视角考察资本来源结构差异对投资效率本身产生的影响。而本书之所以将研究的焦点聚集在债务资本而非股权资本主要有如下的考虑：虽然公司投资资本从来源上主要分为债务资本和股权资本，但结合我国公司资本筹集渠道的实际状况而言，从金融机构借款形成的债务资本依旧是现有公司资本来源的主要选择（张勇，2011），而股权资本设立的高门槛和高筹资成本等特点使大部分中小企业望洋兴叹。因此，鉴于当前我国企业的高杠杆、债务资源投资低效等现实问题，本书着重对债务资本使用效率进行探讨，而对股权资本使用效率不再进行单独分析。尤其在结构性去杠杆和金融供给侧改革等现实背景下，有效开展我国债务资本使用效率及其影响因素研究具有较强的现实意义和理论价值。

此外，本书之所以将研究的对象进一步定义为债务资本使用效率而非简单的债务资本投资效率，主要认为债务资本存在使用效率而非仅仅投资效率本身。具体考虑如下：从债务资本具体使用用途来看，企业从银行借款或发行企业债券筹集的债务资本主要用途有两部分：一部分直接投资于实际项目，这部分资本体现为债务资本投资效率；另一部分可能存在阶段性暂时多余的债务资本，主要表现为企业的超额现金流，企业可以进行短期投资，但同时承担为此支付的利息费用。由此可见，债务资本使用效率考虑得更为合理、全面，其概念本身不仅仅包含债务资本投资效率，并且还考虑了未投资部分形成的超额现金流对资本效率产生的影响。这也是后续债务资本使用效率指标测算的重要理论基础。综上所述，本书将研究的核心界定为债务资本使用效率，并对其影响因素进行较为系统的研究。

4. 债务资本非效率使用概念界定

债务资本非效率使用是债务资本使用效率的反向度量指标。就其内容分类而言，具体包括债务资本投资过度与债务资本投资不足两种非效率使用行为。借鉴范琳琳（2014）对于非效率投资的概述方法，本书对于债务资本非效率使用的两种具体行为界定如下：债务资本投资过度是指由于代理问题和信息不对称，使得企业管理者在实际项目投资过程中，没有有效评估投资机会和投资收益，将筹集的债务资本过度投资于净现值为负的项目中去，造成实际投资超出企业有效投资机会，形成投资过度状况。债务资本投资不足是指由于代理问题和信息不对称，企业管理者缺乏对项目投资收益与投资风险的有效评估，主动放弃净现值为正的项目，造成债务资本大量闲置或使用不充分，形成投资不足状况。

2.3.2　债务资本使用效率影响因素的选取依据

债务资本使用效率受一系列因素的影响，现有研究根据不同分类标准可将其划分为债务资本基本属性与公司治理、宏观因素与微观因素等。诚然，探讨债务资本使用效率所有相关影响因素显得不太现实，并且本书的研究目的也不是为了揭示所有影响因素的作用机制。因此，有必要借鉴现有文献关于投资效率、资本使用效率影响因素等方面的研究思路，并结合本书的研究目的、理论基础，制定选取原则，有针对性地对影响因素进行取舍，最终筛选出债务资本使用效率主要影响因素，作为本书研究的考察对象。

本书在选取债务资本使用效率影响因素时主要基于以下原则：一是可控性原则，即相关影响因素在企业能力控制范围内，能够因企业主动施加影响而改变。而暂且不考虑如经济政策、利率水平、金融环境等宏观方面不可控的影响因素。只有如此，本书研究结论和建议对于企业等市场主体而言才会显得更加富有针对性和有效性。因此，后文在考虑债务资本使用效率影响因素时更多地从债务资本基本属性和公司治理等微观因素着手。二是可测算原则，即相关影响因素有较为成熟的指标度量方法并且相关数据在现有条件下具备可获得性。这是为了保证后文关于影响因素实证分析的正常进行。三是代表性原则，即影响因素指标的选取不仅仅重要而且富有代表性或者概括性，如在考虑公司内部治理中终极所有权结构对债务资本使用效率影响机制时，相对于终极控制权、终极现金流权而言，选择两权分离度可能更富有综合性和代表性。

本书在进行债务资本使用效率影响因素的确立与界定时，不仅仅参照以上确定的选取原则，还以现有大量文献研究作为理论参考。黄莲琴和聂新兰（2008）认为在众多影响资本使用效率因素中，公司治理和负债水平是两个较为代表性的影响因素。其从公司治理、债务期限结构角度对我国上市公司资本使用效率予以探讨，证明二者对资本效率具有重要影响。刘志远和靳光辉（2013）重点关注公司治理中的两权分离度对投资效率的影响机制。而吴丹（2016）进一步深化研究，认为资本筹措的规模和成本将影响债务资本的利用情况，其从债务融资成本、融资结构、公司治理等因素考虑资本使用效率的影响因素，并且详细阐述了公司治理与债务资本成本、债务期限的关联性。

为此本书最终选取债务资本使用成本、债务期限水平、债务总规模、高管腐败、两权分离度五大因素作为债务资本使用效率的影响因素，为方便后续研究，将债务资本使用成本、债务期限水平和债务总规模统一概括为债务资本基本属性，将高管腐败、两权分离度统一概括为公司治理相关因素。详细指标选取依据以及度量方法下文进一步进行说明。

2.3.3 债务资本使用效率影响因素的界定

1. 债务资本基本属性概念界定

根据上文文献研究可以得出债务资本使用成本、债务期限水平和债务总规模是影响投资效率、资本使用效率的基本因素，本书在后续研究中将其概括为债务资本基本属性。其中债务期限水平是从时间维度考察债务资本使用时间的长短对债务资本使用效率的影响，度量方法上参考肖作平和廖理（2008），可用长期银行借款占总债务的比例关系来表示。债务总规模则是从空间维度考察债务规模的大小、杠杆率的高低对债务资本使用效率的影响，鉴于前文对于债务资本的定义，债务总规模用银行贷款、企业债券等金融负债总额表示，剔除经营负债部分。而债务使用成本衡量债务资本使用所需要支付的相应对价，用债务利息支出表示。

2. 公司治理概念界定

公司治理是影响债务资本使用效率的重要因素，并且也是企业提升资本使用效率的重要举措。本书公司治理主要侧重于公司内部治理因素，包括两权分离度和高管腐败两个维度。现有研究表明代理问题和信息不对称是导致投资非效率行为出现的重要原因（徐佳琪，2017；张震，2015；刘星，刘理和窦炜，2014）。而公司内部治理中的两权分离度及高管腐败与代理问题、信息不对称密切相关。肖作平和廖理的研究验证了公司治理机制的提高对于代理问题的解决具有积极意义，能够有效降低公司的债务成本。因此，从公司内部治理因素研究其对债务资本使用效率的影响机制具有重要的理论意义。健全公司治理机制不仅能够降低代理成本、缓解代理问题还可以规避市场风险，影响债务期限结构。

　　本书之所以选取两权分离度和高管腐败作为公司治理重点研究对象，主要有以下考虑：其一，终极所有权结构是当代公司治理的重要内容，包括终极控制权、现金流权和两权分离度，结合因素选取原则和非效率行为产生的原因，通过研究两权分离度这个相对综合性指标，可以有效获取更多其他方面的信息。并且现有研究关于两权分离度与投资效率之间的探讨较为丰富（肖彦和祝笑梅，2015；李兰兰，2013），可以为后续实证分析提供理论基础。其二，由于信息不对称可能造成逆向选择和道德风险问题，而代理问题容易引发股东与管理者之间的利己主义和机会主义，这些都容易滋生高管腐败，进而影响资本非效率使用行为。可见，通过结合本书研究的理论基础，不难发现高管腐败作为公司治理失效的结果，其既是公司内部治理不可规避的问题，也是导致公司债务资本使用低效的重要原因。此外，在文献研究方面，探讨高管腐败与投资非效率之间的关系日益成为学者关注的焦点（Cai et al. 2011；申宇和静梅，2016；池国华，杨金和邢昊，2017；刘静，侯鹏和梁晨星，2018）。因此，结合当前现实背景和理论研究现状，在控制外部政策环境因素下，揭示高管腐败因素在债务资金使用效率中的角色作用和影响机理具有一定的研究意义。

　　3. 两权分离度概念界定

　　本书研究的两权分离指终极控制权与终极现金流的分离，度量方法上参考肖彦和祝笑梅（2015）的做法，使用终极控制权比例与终极现金流权比例的差值来表示。基于代理理论和信息不对称理论，当企业终极控制权与终极现金流权存在较为严重的分离时，终极控股股东和代理人更容易通过更多隐性渠道（如过度投资等）实现利益转移和利益侵占，而这不利于公司整体价值的实现和资本使用效率的提高。

4. 高管腐败概念界定

高管腐败常常与权力寻租联系在一起，当管理层权力配置结构得不到有效约束时，就有可能出现以权谋私等侵占公司利益的现象。高管腐败一般分为显性与隐性两种类型（徐细雄，2012）。本书研究的高管腐败则是属于典型的隐性腐败行为，主要指公司高管通过过度公款消费、高昂薪酬等相对隐性渠道实现利益侵占。蔡等（2011）提出用业务招待费和差旅费之和（ETC）构建腐败指标，并以上市公司的公开数据取代此前流行的调查数据。参考黄玖立和李坤望（2013）、申宇和赵静梅（2016）的研究，本书选取上市公司"业务招待费用"作为高管腐败的代理变量。并且借鉴蔡等（2011）做法，以单位资产的业务招待费衡量公司高管腐败程度，该指标越高，说明公司高管腐败程度越严重。

2.3.4 资本基本属性对资本使用效率的影响

国内学者就债务资本基本属性对投资效率的影响主要从债务期限水平、债务来源结构等方面进行研究。黄乾富和沈红波（2009）通过对比的方法很好地验证了短期债务通过抑制企业现金流进而抑制企业非效率投资行为。而肖作平（2010）则从公司治理角度，验证了短期债务对于公司代理问题和信息不对称问题的缓解具有建设性的作用。这与张亦春、李晚春和彭江（2015）研究基本相似，只不过他们从金融环境着手，关注紧缩货币政策下债务期限结构与公司投资效率之间关系，结果同样得出短期债权具有良好的治理作用。李胜楠（2011）更加关注债务期限结构对企业非效率投资活动的影响，研究认为，在国有企业中，长期贷款对资本使用者可能起着推波助澜的作用，而这在杨继伟（2016）研究中得到进一步验证。

国外学者通过研究同样验证了短期债务在提高资本使用效率中发挥正

向作用。詹森（1986）研究发现，自由现金流是促使投资过度的重要原因，而短期信贷资本对于抑制超额现金流、扩大融资约束具有一定的意义。哈特和摩尔（Hart and Moore）对以上观点做了进一步解释，研究认为，债务资本期限越短越有利于规范经营者资金过度使用行为。因此，短期债务在缓解投资不足（Myers，1977）、抑制投资过度（Stulz，1990）和减少信息不对称（Diamond，1991）等方面发挥着重要作用，与长期债务相比，短期债务在优化公司内部治理结构、提高资本使用效率方面更加有效。由于短期债务需要定期还本付息，使其成为遏制内部机会主义和利己主义的一种极有力的工具（Stulz，1990；Hart，1995）。而随着债务期限水平的延长，这种作用越来越弱，这主要是因为长期债权由于还款期长，在一定程度上影响企业投资计划安排，易于出现放贷初期企业过度投资、而临界还款时投资不足的局面。并且短期债权灵活性高，通过增加融资约束，一定程度上可以实现监督代理人投资行为的目的（Lai，2011）。因此与长期债权相比，短期债权更适于监控企业，能有效影响企业的投资行为。

此外，债务来源结构也会对资本投资效率产生一定的影响。张亦春、李晚春和彭江（2015）研究发现，从债务来源结构上分析，通过与银行存款、企业债券等金融负债进行比较，得出商业信用等经营负债能够更有效地抑制过度投资行为，但这与陆嘉玮、陈文强和贾生华（2016）的研究结论存在较大差异。此外，花中东、贾子超和徐睿阳（2017）借助样本回归实证检验了公司债务来源结构与其投资效率之间的关系，发现二者呈显著正相关关系。

2.3.5　公司治理对资本使用效率的影响

在公司治理相关因素对债务资本使用效率的影响方面，国内学者主要从公司治理内部因素与公司治理外部因素两个角度进行探讨。

1. 公司治理内部因素与债务资本使用效率

（1）企业产权性质与债务资本使用效率。企业性质会影响债务资本投资效率，包括投资过度与投资不足。俞红海、徐龙炳和陈百助（2010）通过分组样本回归的方法发现，与非国有企业相比，国有上市公司更倾向于投资过度，与申慧慧、于鹏和吴联生（2012）的研究基本相似。解陆一（2013）对我国国情进行考虑，认为国有企业获得银行贷款后出现非效率使用行为的概率更高。而对于非国有企业而言，区域经济发展水平和法律制度对于提高企业投资效率具有重要意义（李延喜、曾伟强和马壮等，2015）。谭本艳和胡雅菁（2016）认为，不同企业性质下债务期限结构对于资本使用效率的影响程度存在一定差异，非国有企业短期债务对于非效率投资行为的约束作用更明显。这与陆嘉玮、陈文强和贾生华（2016）的研究基本相同。综上所述，大部分学者在探讨非效率投资影响机制时，基本都考虑了企业性质的相对调节作用，这符合我国的实际情况，也为本书后续研究提供了有益的思路。本书实证分析部分通过划分国有企业组与非国有企业组，以期进一步探讨企业性质对于债务资本使用效率影响因素的调节作用。

（2）内部治理结构与债务资本使用效率。公司内部治理结构会对债务资源配置方式和使用效率产生非常重要的影响。由于终极所有权结构是当代公司治理的重要研究内容，而两权分离度则是衡量终极所有权较为综合性的指标，因而有关两权分离度与非效率投资行为的研究得到众多学者的关注。大部分学者认为，两权分离度的增大不利于资本使用效率的提高。代表性研究有：杜建华，2014；王茂林、何玉润和林慧婷，2014；窦炜、马莉莉和刘星，2016。其中俞红海、徐龙炳和陈百助（2010）最大的贡献在于通过实证手段首次证明两权分离度与过度投资显著正相关，为终极控股股东利益侵占寻找到理论上的支撑。该结论随后在杜建华（2014）的研究中得以进一步检验。王茂林、何玉润和林慧婷（2014）则从现金股利的视角为终极控股股东侵占公司利益、降低投资效率寻找新的证据。虽然大部分学者认为两权分离度与投资效率负相关，但也有部分学者持相反的观点，如刘慧龙、王成方和吴联生（2014）认为，与两权分离度较高的公司相比，两权分离度较低的公司可能更容易出现非效率投资行为。而王裕、白凤至和刘力一（2015）对管理者权力、债务融资和过度投资进行文献梳理，发现管理者权力结构与负债治理作用显著相关。窦炜、马莉莉和刘星（2016）分析了不同权利配置下企业投资效率问题，发现两权分离是造成上市公司投资效率失效的重要原因。这为后文研究假设和理论分析奠定了重要的文献基础。

2. 公司治理外部因素与债务资本使用效率

公司治理外部因素主要包括经济政策、融资限制、金融环境等。杨松令、吴平和刘亭立（2018）实证检验了宏观经济环境对公司债务使用期限的作用机制。靳庆鲁、孔祥和侯青川（2012）研究认为，货币政策越宽松，越有利于破解非国有企业的融资约束陷阱，但是否与投资效率存在直接的线性关系有待进一步验证。王贞洁（2016）研究认为，当前我国金融机构存在的"信贷歧视""规模歧视"不利于信贷资本使用效率的提高。喻坤、李治国和张晓蓉等（2014）在王贞洁研究的基础上进一步考虑了政府干预、政府补贴不利于国有企业投资效率提高。张玮倩、方军雄和伍琼（2016）发现地区腐败越严重，所在地区的企业投资效率越低，致使企业投资不足越严重。李延喜、曾伟强、马壮等（2015）从宏观视角有效探讨了预防投资非效率行为的相关举措，包括改善金融制度环境、提升区域整体法治水平等。此外，金融环境不确定性因素也得到相关学者关注，认为波动的外部投资环境对于债务资本有效使用提出更高的挑战。基于代理理论和信息不对称理论，当企业面对错综复杂的外部环境时，更容易产生事前逆向选择和事后道德风险等问题，代理人基于谨慎性原则为规避市场风险和系统风险可能更愿意保留债务资本，而不会主动有所作为，而这可能导致更多非效率投资行为的出现。

3. 高管腐败对资本使用效率的影响

（1）高管腐败的产生。高管腐败是一个主要表现为权力寻租，与企业内部的权力配置紧密相关，当高管违背信托责任，利用手中的权力寻租便滋生腐败，海瑞克和沃特森（2009）认为企业高管腐败是由企业内部组织结构混乱或权力配置失衡导致。雅拉莫和贝利沃（2011）强调公司治理机制失效是导致高管腐败的重要因素，并损害企业的利益。拥有内部控制优势的高管不仅仅会从薪酬和在职消费领域谋求私利，还可能会直接贪污受贿，侵占企业财产（Hart，2001；黎文靖和池勤伟，2015）。而这样的现象在产权不清晰和法律制度比较薄弱的国家表现尤为突出。赵璨等（2015）认为企业高管腐败指企业高管利用其手中掌握的权力谋取不正当私利的权力寻租行为。尽管目前对企业高管腐败的内涵界定并非完全一致，但学者们均普遍认为，企业高管腐败的关键驱动因素是他们谋取私利的寻租动机，而企业高管腐败造成的直接后果是导致企业价值下降和投资者利益受损。

（2）高管腐败的度量。国际上对腐败发生程度进行评估被称之为腐败测度。腐败测度方法主要有客观方法、主观方法和主客观综合法。客观测度方法是通过腐败案的司法起诉数量、腐败造成的经济损失或新闻报道揭露的腐败问题等"硬"数据来测评腐败程度。纳克和科佛（1995）在腐败测度模型中引进工具变量，通过观察"黑市价格"变化来判断"白市"上的腐败程度。De Rosa（2016）将企业给政府高官的私下支付行为界定为腐败。主观测度方法是通过调查人们对腐败现象的主观感知、察觉、印象、评价，以此计算腐败水平，形成对一个地区、一个国家腐败状况的总体认识。20 世纪 90 年代以来，许多国际组织致力于研究测度腐败的主观方法，如透明国际组织的清廉指数、行贿指数，世界银行的腐败控制指数，瑞士国际管理发展学院的非法支付、司法腐败、贿赂和回扣指数，全球竞争力报告指标等。韩国的首尔和我国台湾地区的台北市就是各有侧重地运用了这两种方法来建构廉政评价指标体系。首尔市的"反腐败指数"同时包括"反腐败印象指数"和"反腐败努力指数"。汤艳文等（2008）按照"投入—效果"的绩效评估方法，测量了地方政府治理腐败的努力及成效。胡鞍钢（2003）从税收流失、资产流失、地下经济和经济租金等方面对我国腐败的经济损失进行了评估。罗付岩（2015）用公司差旅费用作为替代对公司吃喝腐败进行了测度。

由于高管腐败存在隐性腐败和显性腐败（Yao，2002；徐细雄，2012），我国企业高管还可能存在政治升迁或人情交换等因素，隐性空间更为复杂，对高管腐败的度量需要结合不同的法律经济环境，设计对应的指标体系。因此，我国高管腐败的度量指标还有待深入研究。

（3）高管腐败与资本投资效率。黄和斯奈尔（2003）认为企业高管腐败造成的直接后果是导致企业价值下降和投资者利益受损。科尔曼（2001）认为管理层在权力行使过程中的权力寻租会导致高管攫取控制权私利，降低外部投资者利益。杨瑞龙（2005）认为管理层可能利用权力谋取个人私利，损害企业价值，结论也得到了田利辉（2005）和陈信元等①（2009）研究验证。欧乐和殴尔森（2009）认为 CEO 追逐个人私利会严重损害企业价值和投资者利益。莫斯（2001）等研究发现 CEO 会利用手中的权力实施薪酬操纵。戴维德（2003）通过构建一个二阶代理模型证明了管理者寻租行为对企业内部资本配置效率的破坏作用。拜德尔等（2009）发现 CEO 攫取控制权私利的动机和权力寻租倾向会直接导致企业投资效率明显下降。高管腐败的正面影响的结论方面，富朗斯等（2009）认为，腐败不仅没有损害，反而可能提高了官僚机器的运转效率。陈等（2011）研究也发现腐败的收益（有助于资本形成、加速发展、使得政治更加人性化等）超过了腐败成本。任斯乐等（2016）研究发现市场竞争不充分的地方投资效率较低。聂辉华等（2014）研究表明腐败对国有企业生产率的影响不显著，对私人控股企业的生产率有显著正影响；吴文锋等（2009）研究发现高管腐败会降低公司的税负水平进而提高公司价值，同时还会使得公司比竞争对手获得更多的便利性，提升了公司的价值（黄玖立和李坤望，2013）。黎文靖和池勤伟（2015）指出非国有企业在多方面受到政府的差别对待，胡明霞和干胜道（2015）研究发现权力与高管腐败紧密相关，罗付岩（2015）研究发现吃喝腐败对公司绩效显著负相关，但是受到内部控制的抑制作用。张蕊和管考磊（2016）内部薪酬差距越小，高管实施侵占型职务犯罪的可能性越大；而外部薪酬差距越小，高管实施侵占型职务犯罪的可能性越低。高管腐败带有极强的隐蔽性，对公司价值等方面都具有显著影响。

---

① 陈信元等的研究结论认为薪酬管制会导致高管腐败，激发高额在职消费现象的发生，很显然过于泛滥的高额在职消费会降低公司的价值。

高管腐败受到公司内外部治理机制的制约。卢馨等（2015）研究发现债务约束对公司高管腐败具有明显的抑制作用，债务期限与债务规模对公司高管腐败显著负相关。同时非国有企业经理人市场竞争表现出良好的治理作用，能够显著降低发生高管腐败的可能性。

2.4　研究的理论基础

资本使用非效率主要包括投资过度与投资不足两种行为，现有研究表明，代理问题和信息不对称是导致投资非效率行为出现的重要原因（徐佳琪，2017；张震，2015；刘星、刘理和窦炜，2014）。在参考现有文献的基础上，本书主要对委托代理理论和信息不对称理论进行陈述，为后续探讨债务资本使用效率相关影响因素提供理论支撑。

2.4.1　委托代理理论与资本使用效率

委托代理理论是指委托人与代理人基于自身利益最大化的需要，可能会存在利益分歧，尤其在信息不均衡情况下，代理人更容易出现以权谋私、投资过度等侵蚀公司利益的行为（Jensen and Meckling，1976）。一般而言，公司治理的委托代理关系除了传统的契约关系外，还包括了债权人和公司管理层的委托代理关系。由于本书着重研究债务资本使用效率，所以更加关注借贷双方之间的委托代理关系。一方面，银行等金融结构作为公司资本的债权人，通过契约制度将债务资本投资于企业，并按期收取利息和本金；另一方面，管理层运用信贷资本，按照经营需要投入资本进行项目运作，并获取投资收益、承担投资风险。但由于公司债权人和管理层目标的不一致，不可避免地会引起借贷双方委托代理冲突，导致债务代理成本不断提高，从而可能会出现利益侵蚀和使用非效率的问题，造成信贷资本使用过度与使用不足。并且由于委托代理容易纵容机会主义和利己主义，使得公司治理中高管腐败现象较为频发。因此，委托人与代理人之间需要建立有效的激励与考核机制来调节双方潜在的利益偏差。

1. 资本投资过度

由于职业经理人与公司股东、债权人与公司经营者在项目投资目标上存在一定差异，债权人基于契约制度对债务资本使用用途、使用规模等实际约束能力有限，委托代理形成的机会主义，促使资本使用者热衷投资于给个人带来私人利益，或者便于展现自我、提升个体价值的项目，即使该项目净现值为负。从而容易偏离企业投资预期目标，忽视对项目收益和投资机会的正确评估，最终造成企业债务资本迅速膨胀，债务资本投资过度，并且拥有较多自由现金流的企业更容易出现这种非效率投资行为。

2. 资本投资不足

由于代理问题和信息不对称，债务资本使用者可能出于自我保护意识、不作为思想和短视思维，有时为了逃避监管责任、避免决策失误风险而消极应对各种有利的投资机会，尤其当代理人属于风险规避类型时显得尤为如此，出于对投资风险的过度规避，往往会促使其放弃净现值为正的项目，造成投资不足。除此之外，当债权人出于安全考虑过度提高利息水平，使得债务资本使用成本不断提高，也会进一步压缩投资机会选择空间。同样，当银行等金融机构对企业债务资本使用用途、债务使用期限、总授信额度有明确约束和严格过程监管时，同样会促使债务人不得不放弃投资机会，即使该项目净现值为正，这些情况最终都会造成企业债务资本使用不足，导致债务资本使用效率低下。

2.4.2　信息不对称理论与资本使用效率

信息不对称理论最初源于经济"柠檬问题"的观察与总结，后来延伸到资本市场。其是指在市场交易活动中，由于市场发展不均衡，每个市场主体获取经济信息的渠道和能力不尽相同，导致所获得的信息量存在较为明显差异，这就使得处于信息优势地位的人可能会利用信息交换获取私人利益，从而产生道德风险；而处于信息劣势的人可能因为不确定性风险的增加而要求更高的回报率，从而产生逆向选择问题。从时间角度考虑，可以分为事前不对称和事后不对称，其分别对应逆向选择和道德风险问题。

该理论一定程度上也很好地解释了委托代理问题出现的可能原因。

1. 资本投资不足

迈尔斯和迈基里夫（Myers and Majluf，1984）研究证明了信息不对称会误导市场交易主体，进而降低资本使用效率。信息不对称同样存在于债务资本的借贷双方，债务资本提供者（如银行等金融机构）由于事前信息不均衡，债权人无法在放贷之前全面了解授信企业所有经营信息和财务状况，为保险起见，就会在贷款合同中约定各种附加条款，包括资本使用用途、使用期限等强制性约束条件，从而尽可能维护债权人利益，而这可能会不断压缩项目投资带来的利润空间，使得债务人不得不主动放弃相关投资机会，即使该项目有利可图。此外，出于事后信息不对称，债务人在融资成本不断增加的背景下，为追求更高的投资回报，可能倾向于接受超额风险的投资项目，产生投机主义和冒进主义，而债权人为避免这种风险的发生，就会通过严格限制条款来实现更高的风险溢价，导致债务使用成本进一步攀升，最终同样引发债务资本投资不足。

2. 资本投资过度

资本借贷市场的信息不对称容易导致契约制度执行难问题。在放贷之前，借款人相对于债权人而言，在资本的后续安排方面具有信息优势，为道德问题的出现提供可能，管理者可能为实现自我意愿而选择投资净现值为负的项目，从而引发投资过度。海因克尔和泽克纳（Heinkel and Zechner，1990）在前人研究的基础上，通过对信息不对称的企业投资行为进行探讨，发现进行新项目投资评估时，那些投资收益为负的项目也可能被付诸实践，引发资本使用过度现象。这是因为，在不完全竞争市场上，仅仅通过净现值将所有投资项目进行很好区分显得不太可能，使得市场退而求其次，只好采用平均价值来评估企业单个风险证券的发行价格，而这无形之中有利于净现值较小的项目，促使企业有可能实施 NPV < 0 的项目，从而导致投资过度。

第3章

网络社会关系对资本使用效率的影响

3.1 研究背景

公司一般通过报表和公告对外披露与经营相关的重要信息，由于存在内部控制人现象并带来信息不对称，公司信息质量受到学术界高度关注。以财经媒体为核心的媒介通过对公司内外部信息的深度挖掘和专业调查分析，能够有效提高公司信息透明度，降低信息不对称，对终极控制人和管理层的掏空行为起到监督作用，形成外部治理效应。伴随互联网技术的发展，以微博、微信、Twitter、Facebook 等为代表的新媒体在信息传播方面扮演着越来越重要的作用，成为企业宣传和发布重大信息的重要渠道。与传统媒介相比，新媒体在信息扩散速度、使用成本、便捷程度等方面具有显著的优势。布兰克斯波尔等（2014）研究发现，如果公司同时在传统信息披露渠道和 Twitter 上披露信息，会明显降低股票买卖差价，缓解信息不对称，提升股票流动性。在中国，新浪微博、腾讯微博、微信、QQ、陌陌构成了社交领域的主要平台。其中新浪微博是企业发布公开信息的主要平台，在缓解信息不对称和提高治理效率方面发挥着越来越重要的作用。比如，2018 年 9 月 2 日，网络率先爆出中国京东世纪贸易有限公司（京东集团，美国纳斯达克上市公司，股票代码"JD"，简称京东）总裁刘强东先生在美国涉嫌性侵，而后《纽约时报》《华尔街日报》和美联社三大主流媒体头版头条跟进报道。9 月 2 日京东在其官方微博发布声明："刘强东在美遇失实指控，警方调查未发现不当行为"。9 月 3 日，京东官方微博进一步回应关注："刘强东先生被释放，没有受到指控并已经回到国内"。上述两条微博声明均受到高度关注，截至 2018 年 10 月 6 日，两条微博声明被直接转发次数分别是 2.4 万次和 3.9 万次，点赞数分别是 3 万和 12.4 万[①]，获得中国民众广泛支持[②]。9 月 4 日，美国花旗集团将京东纳入"负面催化观察名单"（Negative Catalyst Watch）中[③]，京东股价当天受此影响大幅下跌，然而此期间京东在中国的经营和销售均未受到任何影响。京东成功地运用微博为代表的网络社会关系发布和传播信息，降低了传统媒体"跟风"报道带来的负面影响，有效缓解了市场信息不对称，确保公司正常经营。然而，京东今后的运营投资行为是否会受到影响，以及京东官方微博等网络社会关系平台在此过程中扮演的角色和作用还有待时间检验。但从京东的案例可以发现，微博等，但公司网络社会关系平台与传统媒体就公司信息披露方面可能存在"相向而行"和"背道而驰"现象，当传统媒体率先正面报道公司信息时，公司会否利用微博等新媒体"相向而行"进一步宣传和提升公司形象？相反，当公司网络社会关系平台发布信息与传统媒体报道内容"背道而驰"时，投资者对公司信息的判断是否会变得更加"无所适从"而影响公司投资经营？对此问题，目前尚未有相关文献进行深入研究。为此，本书拟以中国上市公司为样本，开展网络社会关系和传统媒体报道对公司资本使用效率的影响研究。除了上述原因外，本节选择资本使用效率主题进行研究的原因还包括如下方面：

（1）资本使用效率一直是公司金融重点关注领域，受经济环境、政策因素、公司财务和社会网络等众多因素影响。媒体监督通过向公众和投资者提供专业信息提高公司透明度、降低信息不对称、提高治理水平已经获得了大量文献证实。拥有良好信息透明度和较高治理水平的企业社会声誉

---

① 京东声明内容为："刘强东先生在美国商务活动期间，遭遇到了失实指控，经过当地警方调查，未发现有任何不当行为，他将按照原计划继续其行程。我们将针对不实报道或造谣行为采取必要的法律行动。"信息来源京东官方微博：https：//m. weibo. cn/p/1005052839378595。

② 转发、回复和点赞不包括腾讯微信、QQ 以及其他社交媒体的截图和链接转发。实际上，中国国内网民使用微信和 QQ 等 TM 工具要远多于微博。

③ 花旗将京东列入负面催化观察名单，财经网（引用日期 2018 - 09 - 05）。

一般比较高，债务融资约束会显著减弱，融资成本也会明显降低。因此，媒体监督会提升公司治理水平，对融资约束和融资成本带来影响，但是否会对资本使用效率带来影响呢？

（2）中国公司资本使用效率在学术界一直犹如谜一样的存在。在拥有全世界绝无仅有的高层计划调控机制背景下，中国出现了世界范围内少有的产能严重过剩，并伴随大量中小民营企业投资不足，而资本使用效率整体处于较低水平的畸形现象（Zhang and Su，2014）。在此过程中，以财经媒体为核心的中国媒体是否进行了相关披露报道？相关报道起到了什么作用？与传统媒体相比，网络社会关系平台在降低信息不对称方面具有更显著的优势，对过度投资行为是否具有一定的抑制作用？微博等网络社会关系平台具有独特的环状、链状、树状等传播结构，增加了信息聚合与裂变的可能，中小投资者有更多的机会获取相关信息。同时网络社会关系平台还具有传统媒体无法具备的"实时互动"特征，使得投资者与公司能够对公开信息进行深入交流，增强信息披露深度，缓解公司与投资者之间的信息不对称问题，提高治理效率。然而，公司微博等新媒体与传统媒体报道是"相向而行"还是"背道而驰"，对公司资本使用效率的影响机制如何？这些问题都还有待研究。

本书以中国上市公司为样本数据进行研究，在陈等（2011）的模型基础上进行扩展和改进，采用投资效率作为资本使用效率替代变量，考察网络社会关系与媒体监督对资本使用效率的影响。本书结合中国媒体报道实际，选择了中国市场比较具有影响力的 9 家财经类媒体作为媒体报道数据。与张和苏（Zhang and Su，2014）对媒体度量不同的是，本书将媒体报道细化为报道总数、正面报道、负面报道和报道倾向性四个层面。在网络社会关系方面，本书考察在中国具有广泛影响力的新浪微博①，分别从是否开设新浪微博、关注数和粉丝数、回复数、博文数等维度界定公司网络社会关系变量。在媒体报道、网络社会关系和投资机会交互项与新增投资的回归基础上，分别从企业性质和公司规模深入研究，以研究中国国有企业

① 根据 2017 年微博 Q3 财报数据显示，截至 2017 年 9 月，微博月活跃用户共 3.76 亿人。

与民营企业、大型企业与中小企业网络社会关系、媒体监督影响投资效率的异质性。本书的主要贡献在于：首先，本书对陈等（2011）的模型进行扩展，率先将网络社会关系应用到对资本使用效率的影响研究中，证明了中国网络社会关系对媒体报道影响公司资本使用效率存在抑制作用，发现媒体报道总数、正面报道和报道倾向性对资本使用效率的负向影响都具有显著的调节作用。该结论从理论上对媒体监督的治理作用进行了扩充和完善，为进一步研究网络社会关系对公司治理的影响提供了一个新的视角。其次，张和苏（2014）研究发现了，中国不同媒体环境对资本使用效率的影响，本书在此基础上进一步研究了中国媒体正面报道和报道倾向性对公司资本使用效率的负面影响，结论有助于完善媒体治理理论。进一步研究发现，正面媒体报道、报道倾向性对国有企业资本使用效率的负向影响更为显著，民营企业网络社会关系对媒体报道负向影响资本使用效率的调节作用更为显著，表明国有企业更容易沉醉于中国媒体的正面"媒体报道"，民营企业则在网络社会关系的"提醒"下更为"清醒"。本书实践方面的价值在于为中国企业如何利用网络社会关系提高公司治理水平和资本使用效率提供了证据。本书的后续安排是理论分析与研究假设、研究设计、实证回归和结论。

3.2　理论分析与研究假设

3.2.1　媒体监督与投资效率

治理水平越好的公司，投资效率越高。媒体作为一种重要的外部治理机制，能发挥揭示公司隐形合约或"潜规则"的作用，是一种市场与制度之外的重要监督力量，有助于提高公司治理水平。张和苏（2014）以中国A股上市公司2007～2011年样本数据检验发现，媒体治理水平和公司过度投资呈现显著负相关关系；公司内部治理水平越差的公司，外部媒体对过度投资的治理效果越明显。媒体能够约束公司过度投资行为，可以缓解公司治理过程中委托代理问题，对企业资本使用效率有着显著的正向影响。

媒体报道通过政府介入、高管声誉等机制影响公司治理水平。在外部治理水平较差的国家和地区，外部投资者只能更多地依赖公司内部治理水平（LLSV，1999）。如果公司内部治理水平不好，外部治理水平较差的情况下，媒体报道作为外部监督环节的一个重要部分，则是对公司治理水平的有益补充（Zhang and Su，2014）。媒体报道不能直接影响公司治理水平，需要通过信息传播，降低公司内外部信息不对称，引起投资者的关切和政府部门"关注"与"介入"，最终达到治理目的。从已有研究中，可以总结出媒体实现治理的两个传导路径：第一个路径是：媒体报道→投资者关注→形成热点→政府关注→政府介入→实现治理目的，在这个路径中，政府介入是实现媒体监督治理目标的必要方式，而媒体报道引起广泛反映并形成热点是引起政府"关注"和"介入"的重要条件。第二个路径是：媒体报道→企业高管关注→实现治理目的，在这个路径下，媒体报道并不需要形成热点和引起政府部门关注，公司高管关注后基于个人声誉和经营风险因素考虑，就会主动提高公司治理水平，达到媒体监督目的。

影响治理的原因不仅包括传导机制上的差异，还包括媒体报道方向选择。与负面媒体报道具有较强的治理作用相比，正面媒体报道对公司高管的经营压力较小，同时会更多地激发高管团队的自信心，增强投资意愿甚至产生过度投资，降低投资效率，给公司治理带来负面影响。媒体报道具偏性特点，中国媒体环境存在较强的地域差异（Guoming Yu，2010），不同地区的媒体报道环境不同，对公司治理水平的影响也会存在差异（Zhang and Su，2014）。同时，针对不同性质和不同规模的企业，媒体报道的倾向性选择也会存在差异。中国有大量的国有上市公司，在融资、投资机会、公司治理机制、媒体偏好等方面与民营企业都具有显著的差异（Chen et al.，2011；Jonathan et al.，2016）。在媒体监督方面，朱学义和谭雪萍（2014）研究表明，无论是国有上市公司还是民营上市公司，媒体监督都能抑制非效率投资，且对民营企业的约束力更强。贺建刚等（2008）研究发现，媒体被监督引起的高管声誉机制对约束中国国有企业管理者行为的治理作用十分有限。首先，我国正处于市场改革的攻坚期，国有股权在公司所有权结构中仍占有很大比重；其次，国有上市公司尚未完全形成由董事会根据公开合理的程序和完全竞争的方式自主选择代理人的聘用机制，故而媒体监督对国有企业公司治理的作用可能通过引发相关行政机构的关注，而非对 CEO 的声誉影响来实现。

综上分析可以发现，中国媒体报道通过公司治理水平显著影响资本使用效率，负面媒体报道对公司治理作用要比正面报道显著，民营企业比国有企业会受到更多媒体监督的影响。为此，本章提出假设 3-1：

假设 3-1：媒体监督对资本使用效率具有显著影响，正负取决于媒体报道倾向性。正面媒体报道与公司资本使用效率负相关，负面媒体报道与资本使用效率正相关或者负相关不显著。

3.2.2 网络社会关系、媒体监督与投资效率

社交媒体作为公司信息发布平台，聚集了对公司经营理念、科技研发、组织文化、产品服务和披露信息感兴趣的各类支持者[①]。公司与拥有该社交媒体平台的客户、友商等相互关注，并通过该网络平台交互信息，最后形成以公司社交媒体账户为中心具有相互关联的网络社会关系。

网络社会关系对公司经营行为的影响日益得到认可。艾略特（Eliot，2016）研究发现，公司使用网络社会关系主要目的在于提高公司品牌知名度，同时向消费者传播宣传公司产品或服务信息，他认为社会媒体在提高公司品牌运营效率方面有很好的潜力。罗萨蒂等（Rosati et al.，2018）发现，社会媒体对于那些不是非常著名的公司而言具有很积极的正向意义。在危机公关方面，网络媒体的影响力相比传统媒体而言则更具有说服力，由于更直接面向公众并可进行互动交流，因此网络媒体平台形成的网络社会关系对于提升公司运营效率具有显著作用。同时，这些研究对于资本市场而言也同样具有影响力，并传导到公司经营管理过程之中。公司可以通

---

①　我国国内将这类群体统称为粉丝（译自 fans）。

过其官方网络媒体平台进行信息披露，并引导投资者正确理解公司经营信息，同时投资者通过平台互动反向监督公司经营进而提高投资运营效率。一些学者通过研究也发现了，网络社会关系对于市场、人力资源管理和教育等方面的影响（Wahsh et al.，2016；Yasse and Husin，2017；Pimmer et al.，2016）。

网络社会关系对于传统媒体同样具有影响。传统媒体才组织专门团队跟进进行系统分析和深入报道。但是与传统媒体报道不同的是，公司网络社会关系将更多基于自身利益发布信息，在媒体对公司进行负面倾向报道的时候，公司网络社会关系平台更可能会发布公司信息"以正视听"，及时解决信息不对称问题，此时网络社会关系就可能对媒体报道的治理效果起到抑制作用。在媒体对公司报道倾向正面时，由于正面报道容易助推公司高管自信心，甚至形成过度自信，增加投资规模，产生投资过度降低资本使用效率，形成公司的负面治理效应。此时，一般情况下而言，公司主管网络平台部门会转发相关媒体正面报道以进行宣传，由于网络平台具有更多的互动功能，投资者可能会通过平台留言与公司进行互动，进一步了解公司投资信息，有助于公司高管"冷静"思考和决策，提升公司治理水平和资本使用效率。

综上分析发现，社会关系网络对公司日常经营的影响日益明显，能有效缓解管理者与股东之间的代理问题、促使企业主动履行社会责任，提高治理水平和资本使用效率。对传统媒体报道的治理效果具有抑制作用。为此，本章提出假设 3 - 2。

假设 3 - 2：公司网络社会关系对媒体监督治理效应具有抑制作用。

3.3　研究设计

3.3.1　研究样本与数据来源

本书研究数据分三个方式获取。首先通过国泰安数据库选取 2011 ～

2016 年上市公司 A 股作为研究样本，并执行了以下筛选程序：（1）剔除数据收集时已经退市或进入 ST 市场交易的公司；（2）剔除金融保险行业的上市公司；（3）剔除数据缺失样本，共获得 5646 条数据记录。

其次，媒体报道数据搜集。采用方和佩雷斯（Fang and Peress，2009）的方法，从中国 CNKI 数据库收录的《中国证券报》《上海证券报》《证券时报》《证券日报》《经济观察报》《21 世纪经济报道》《中国经营报》7 家中国主流财经媒体中对上述样本的投资报道数据进行搜集，共获得 7581 条记录，然后结合 Excel 软件对数据进行人工筛选清洗，筛选清洗的原则是：（1）相关报道主题与投资相关，凡主题与投资不相关数据均剔除；（2）正面媒体报道数据的判断。基于报道内容的价值判断用词或感情色彩用词进行判断，具体是报道中但凡对未来投资表达充满期待、良好评价和不存在批评用词的报道均归类为正面报道；（3）负面媒体报道的判断。与正面媒体报道判断逻辑相同，具体是如果报道内容存在担忧情绪、负面评价和毫无赞扬性用词的报道均归类为负面报道。最终获得 234 家上市公司 429 条媒体报道记录，其中正面报道 312 条，负面报道 117 条。同时考虑到媒体报道对公司投资行为可能存在后续影响，为此对凡是有媒体报道的公司将其余年份媒体报道数据补 0，以便进行面板数据回归，获得样本数据为 1404 条记录。为了研究有媒体报道和没有媒体报道的差异，采用对媒体报道样本进行配对的方法，配对的原则是：按照公司规模大小相近原则从最初获得的 5646 条记录中对媒体报道记录进行 1∶1 配对，配对完成后，共获得 2808 条样本记录。

最后，网络社会关系数据搜集。由于中国国内网络用户很少使用 Twitter 和 Facebook 等国外流行社交平台，而是使用中国国内的微信、QQ、新浪微博和腾讯微博等社交平台进行交流。其中企业多用新浪微博发布公司信息。考虑到数据收集的成本，将新浪微博和腾讯微博的相关数据作为公司网络社会关系的替代变量进行收集。在公司微博数据维度考虑上，由于博文转发只呈现截至收集日期的转发总数，并不能反映该博文该年度博文转发总数，同时更无法区分博文直接转发和间接转发，因此转发数据在研究价值上存有很大的争议。因此收集微博数据维度主要包括如下方面：是否有新浪微博/腾讯微博、微博关注数、微博粉丝数、微博博文数（原创）、每条博文回复数。并先后利用 Python 爬虫方法和人工方法收集上述 234 家上市公司的网络社会关系数据。

在数据收集阶段，首先使用 Python 对兔宝宝（中国上市公司）公司的博文数据进行搜集验证，共搜集到该公司 2011～2016 年 3 295 条博文，然后进行人工筛选清洗。按照这样的方法获取数据最大的困难在于 Python 在反复进入该公司新浪微博账号搜集数据的时候，很容易被新浪微博网络定义为非正常访问而遭到封禁，严重影响数据搜集进度。为此，本书组成了15 人数据收集团队，对上述 256 家上公司共计 692 515 条博文进行判断，其中与经营相关的博文数 28 222 条及 670 886 个回复，与经营不相关博文664 293 条，最终获得上述 234 家公司涵盖 2011～2016 年 1105 条记录。在博文的相关性判断中，依据如下规则进行筛选：（1）微博账户选择上市公司官方微博账户、董事长微博账户或者总经微博账户中粉丝数最多的一个。这样选择的原因是：一般情况公司选择微博发布官方信息的时候，较多会通过粉丝数最多的微博账户发布信息，或者粉丝数最多的微博账户都会转发相关信息。因此为了去掉重复因素，选择粉丝数最多的账户。（2）微博博文如果属于同样内容多次发布，则选择回复最多的一条，其余重复博文剔除。（3）微博博文与公司社会责任（社会公益等）、重要信息披露、重要领导人视察、重大科技攻关计划、重大项目合作、公司发展规划、重大人事任命、财务数据发布主题相关，一并归入与经营相关博文。

本书采用 Excel 和 Stata14.0 软件对数据进行分析。

3.3.2　相关变量说明

（1）被解释变量的度量方法。借鉴陈等（2011）的研究方法，将新增投资作为被解释变量。

（2）解释变量的度量方法。本书主要解释变量是媒体报道和网络社会关系，采用参考杨德明和赵璨（2015）的方法，将媒体报道总条数 +1 后取自然对数定义为 Tmedia，正面报道条数 +1 取自然对数定义为 Pmedia，负面报道条数 +1 取自然对数定义为 Nmedia。

（3）控制变量。借鉴陈等（2011）模型，将现金流（Cfo）、财务杠杆（Lev）、投资机会（Tq）、公司规模（Size）、权益融资（Seo）、上市年份（List）定为模型控制变量。

为降低内生性影响，模型变量均进行滞后一期处理。变量的具体定义见表 3 – 1。

表 3 – 1   模型变量说明

变量类型	变量名称	定义
被解释变量	新增投资/Inv	新增投资 = 总投资 − 维持性投资
解释变量	网络社会关系/Sn	有新浪微博，Sn = 1，否则 Sn = 0
	报道总数/Tmedia	媒体报道总数 +1 取自然对数
	正面报道/Pmedia	正面报道总数 +1 取自然对数
	负面报道/Nmedia	负面报道总数 +1 取自然对数
控制变量	现金流/Cfo	公司现金流量净额
	资产负债率/Lev	净资产除以总资产
	上市年份/List	上市年份
	投资机会/Tq	公司托宾 Q 值
	权益融资/Seo	年度权益融资除以期初总资产
	公司规模/Size	总资产
	行业/Industry	行业
	年份/Year	年份

3.3.3 模型构建

本书参考陈等（2011）的研究，对回归模型进行扩展，构建模型（3 – 1）以考察媒体报道与公司投资效率之间的关系。利用模型（3 – 2）考察网络社会关系对媒体治理的调节作用。具体模型构建如下所示：

$$\mathrm{INV}_{i,t} = \alpha_0 + \alpha_1 \mathrm{Tq}_{i,t-1} + \alpha_2 \mathrm{Media}_{i,t-1} + \alpha_3 \mathrm{Tq}_{i,t-1} \times \mathrm{Media}_{i,t-1} + \alpha_4 \mathrm{CFO}_{i,t-1}$$

$$+ \alpha_5 \text{Lev}_{i,t-1} + \alpha_6 \text{SEO}_{i,t-1} + \alpha_7 \text{Size}_{i,t-1} + \alpha_8 \text{Listage}_{i,t-1} + \varepsilon_1 \qquad (3-1)$$

$$\text{INV}_{i,t} = \alpha_0 + \alpha_1 \text{Tq}_{i,t-1} + \alpha_2 \text{Media}_{i,t-1} + \alpha_3 \text{Sn}_{i,t-1} + \alpha_4 \text{Tq}_{i,t-1} \times \text{Media}_{i,t-1}$$

$$+ \alpha_5 \text{Tq} \times \text{Media}_{t-1} \times \text{Sn}_{i,t-1}$$

$$+ \alpha_4 \text{CFO}_{i,t-1} + \alpha_5 \text{Lev}_{i,t-1} + \alpha_6 \text{SEO}_{i,t-1} + \alpha_7 \text{Size}_{i,t-1} + \alpha_8 \text{Listage}_{i,t-1} + \varepsilon_1 \ (3-2)$$

　　在模型（3-1）中，重点考察 Media 与 Tq（后简称 MT）交互项的回归系数，如果回归系数为正，表明媒体报道能够提高投资效率，否则表示降低了投资效率；在模型（3-2）中，重点考察 Media、Tq 和 Sn（后简称 MTS）交互项的回归系数，预期 MTS 回归系数与 MT 回归系数相反，表明网络社会关系存在对媒体影响投资效率的抑制作用。其中 Media 将分别由 Tmedia、Pmedia 和 Nmedia 替代。

3.4　实证结果分析

3.4.1　描述性统计与分析

　　（1）样本变量描述性统计如表 3-2 所示，网络社会关系均值为 0.355，说明我国有一半上市公司拥有网络社会关系平台。媒体报道总数、正面报道数与负面报道数均值分别为 0.13、0.1 和 0.03，表明媒体对公司投资报道中，有将近 76.9% 属于正面报道，对投资有较强的正面报道倾向性。在统计方式相同时，其他变量的描述性特征也与已有研究接近。

表 3-2　　　　　　　　　　　主要变量描述性统计

变量	N	Mean	P50	Sd	Min	Max
Inv	2 808	0.05	0.03	0.05	-0.47	0.37
Sn	2 808	0.50	0.00	0.25	0.00	1.00
Tmedia	2 808	0.13	0.00	0.34	0.00	3.50
Pmedia	2 808	0.10	0.00	0.31	0.00	2.20
Nmedia	2 808	0.03	0.00	0.16	0.00	2.20

（2）媒体样本与配对样本对比分析。表3-3呈现了媒体样本和配对样本的描述性分析，从表3-3中可以发现，两个样本数据新增投资均值完全一样，公司规模相近，但是投资机会媒体样本比配对样本数据大，而现金流、股权融资和财务杠杆均值都比较接近。说明配对样本总体上与媒体样本较为相似。

表3-3 媒体样本与配对样本描述性分析

变量	来源	N	Mean	Sd	median	Min	Max
Inv	收集样本	1 404	0.05	0.03	0.05	-0.47	0.37
	配对样本	1 404	0.05	0.05	0.03	-0.47	0.36
Size	收集样本	1 404	9.93	0.69	9.82	8.29	12.38
	配对样本	1 404	10.27	0.48	10.24	8.23	11.89
Tq	收集样本	1 404	1.82	2.17	1.14	0.09	31.42
	配对样本	1 404	1.02	1.22	0.68	0.01	22.33
Cfo	收集样本	1 404	5.43	15.90	4.42	-84.69	445.26
	配对样本	1 404	4.37	34.34	4.76	-116.00	255.91
Seo	收集样本	1 404	0.16	0.29	0.11	0.00	9.05
	配对样本	1 404	0.12	0.24	0.08	0.00	5.14
Lev	收集样本	1 404	0.23	0.19	0.21	0.00	1.13
	配对样本	1 404	0.26	0.18	0.23	0.00	0.82

3.4.2 实证结果

本书分别用模型（3-1）和模型（3-2）对假设进行检验。根据Hausman检验结果，模型适合用随机面板模型进行检验，同时选择极大似然估计方法进行估计。

1. 媒体监督与公司投资效率

（1）基本回归。回归结果如表3-4所示，第Ⅰ列呈现的是媒体报道总数与投资的回归结果。从中可以发现，投资机会对新增投资呈现显著正相关关系，与陈等（2011）结论一致。媒体报道总数及与投资机会交互项与新增投资分别呈现显著正相关和负相关关系，表明中国媒体报道促进了公司投资行为，与资本使用效率呈现负面影响。其原因可能在于中国媒体就公司投资行为的正面报道显著多于负面报道，增加了公司管理层自信，加剧过度投资，降低资本使用效率，失去了监督治理作用。为进一步探究中国媒体对资本使用效率的影响，将媒体报道分为正面媒体报道和负面媒体报道两个维度分别进行检验。

第 II 列和第 III 列呈现了正面媒体报道和负面媒体报道对投资的回归结果。从结果可以发现，正面媒体报道及与投资机会的交互项与新增投资呈现显著的正相关关系和负相关关系，与媒体报道总数回归结果一致。说明正面媒体报道的确存在进一步刺激公司投资增加的可能，降低资本使用效率。在负面媒体报道组，从第 III 列结果可以发现，负面报道及与投资机会的交互项与新增投资没有得到检验，说明负面媒体报道对新增投资不敏感，同时对资本使用效率的影响也不显著，但是治理作用还需要进一步检验。检验了研究假设 3 - 1。

在全部回归结果中，现金流、杠杆、权益融资的回归结果与陈等（2011）一致。公司上市年份与新增投资则呈现显著的负相关关系。

表 3 - 4　　　　　　　　　媒体监督与投资效率回归结果

变量	I	II	III
Tq_t - 1	0.0080 *** (4.68)	0.0095 *** (6.19)	0.0074 *** (4.47)
Tmedia_t - 1	0.0190 ** (2.11)		
Tq × Tmedia_t - 1	- 0.007 * (- 1.84)		
Pmedia_t - 1		0.0152 ** (2.12)	
Tq × Pmedia_t - 1		- 0.0059 ** (- 2.03)	
Nmedia_t - 1			0.0172 (0.75)
Tq × Nmedia_t - 1			- 0.0079 (- 0.76)

变量	I	II	III
Cfo_t−1	0.0647 ** (2.58)	0.0492 *** (2.70)	0.0640 ** (2.55)
Lev_t−1	0.0563 *** (3.04)	0.0563 *** (3.05)	0.0568 *** (3.07)
Seo_t−1	0.0495 ** (1.98)	0.0416 ** (2.07)	0.0494 ** (1.97)
Size_t−1	0.0031 (1.48)	0.0035 ** (2.36)	0.0032 (1.49)
List_t−1	−0.003 *** (−5.75)	−0.0030 *** (−8.08)	−0.0030 *** (−5.74)
_cons	−0.0126 (−0.25)	−0.0277 (−0.78)	−0.0118 (−0.24)
Idustry	Yes	Yes	Yes
Year	Yes	Yes	Yes
Obs	2 808	2 808	2 808

注：1. 括号内数值为 T 值；2. ***、**、*分别表示在 1%、5%、10% 的水平上显著。

（2）进一步分析。表 3 − 5 呈现了分组回归结果，从表中可以发现，在国有企业分组回归中，媒体报道总数和正面媒体报道与新增投资均呈现显著的正相关关系，与投资机会交互项显著的负相关关系，与全样本（表 3 −4）回归结果完全一致。同时，从回归系数来看，媒体报道总数和正面媒体报道与新增投资的回归系数分别是 0.0229、0.0249 和 0.0237，全样本对应的回归系数分别是 0.019 和 0.0152，表明中国媒体报道对中国国有企业的新增投资的敏感性更强，更有可能促进过度投资。从资本使用效率角度来看，媒体报道总数和正面媒体报道与投资机会交互项系数分别为 −0.0152 和 −0.0153，其绝对值也显著大于全样本对应的回归系数 −0.007 和 −0.0059，表明中国媒体报道对国有企业资本使用效率的负面影响比民营企业更为明显。其原因可能是：首先，中国媒体对国有企业正面报道的可能性会显著大于民营企业；其次，中国国有企业有更多的"资历"去"忽视"媒体的负面影响；最后，中国国有企业管理层与媒体正面报道间的相互"迎合"动机会刺激国有企业增加投资，加剧过度投资，影响投资效率。与之相对应的是民营企业组，媒体报道总数、正面报道和负面报道对民营企业的新增投资均不显著，与投资机会交互项回归结果也不显著，表明民营企业在媒体"渲染"面前更为谨慎，其原因可能在于民营企业治理水平要高于国有企业。

本章还进一步分别检验了中国地域（分东部地区和中西部地区）、行业差异（分制造业和其他）和公司规模因素的影响，检验结果发现上述因素影响不明显。

表3－5　　　　　　　　　　按公司性质分类回归结果

变量	国企	民企	国企	民企	国企	民企
Tq_t－1	0.0103*** (4.02)	0.0077*** (3.15)	0.0099*** (3.91)	0.0069*** (2.88)	0.0088*** (3.58)	0.0073*** (3.09)
Tmedia_t－1	0.0229** (2.01)	0.0195 (1.32)				
Tq×Tmedia_t－1	－0.0152*** (－2.61)	－0.0044 (－0.81)				
Pmedia_t－1			0.0249** (1.99)	0.0027 (0.15)		
Tq×Pmedia_t－1			－0.0153** (－2.41)	0.0034 (0.50)		
Nmedia_t－1					0.0257 (0.81)	0.0167 (0.47)
Tq×Nmedia_t－1					－0.0240 (－1.22)	－0.0051 (－0.36)
_cons	0.0911 (1.43)	－0.1332 (－1.44)	0.0924 (1.46)	－0.1359 (－1.46)	0.0911 (1.43)	－0.1363 (－1.47)
Controlvaribles	Yes	Yes	Yes	Yes	Yes	Yes
Obs	1 662	1 146	1 662	1 146	1 662	1 146

注：1. 括号内数值为T值；2. ***、**、*分别表示在1%、5%、10%的水平上显著。

2. 网络社会关系、媒体监督与资本使用效率

（1）基本回归。网络社会关系、媒体监督与新增投资的回归结果如表3－6所示，从中可以发现，网络社会关系与媒体报道总数、正面报道和负面报道及与投资机会的交互项与新增投资均呈现显著的正相关关系，而投资机会与媒体报道总数和正面报道交互项对新增投资依然呈现显著的负相关关系，表

明传统媒体报道由于过多的"正面报道"促进了管理层的投资行为，加剧过度投资，降低资本使用效率。网络社会关系作为中国企业与外界交流沟通的新兴工具，显著地正向影响资本使用效率。其原因可能在于如下两个方面：

①新旧媒体发挥治理作用的机制存在差异。传统媒体发挥治理作用的机理往往通过政府介入机制、高管声誉机制等方式提升公司治理水平。中小投资者作为资本市场的重要参与方，对媒体报道内容多采用"用脚投票"方式，对公司治理水平的影响依赖于政府介入和高管自觉行为。然而，中国主流财经媒体对公司投资行为的报道多倾向于正面，提高了高管"声望"，增加了投资信心，降低了媒体报道对高管"声誉"的约束。同时，中小投资者有较强的"搭便车"现象，在传统媒体"单向传播"模式下，很难形成投资者对媒体报道集中式"交流"，对吸引政府"关注"和"介入"的能力较弱。因此，传统媒体报道不仅不能有效提高资本使用效率，反而容易引发高管"信心膨胀"加剧过度投资，降低资本使用效率。而微博为代表的网络社会关系通过广大"粉丝"关注、回复和转发，快速向相关个体传播信息。而且中小投资者不仅可以从微博发布的相关文件获取重要信息，还可以通过"留言"和公司"回复"进行互动，吸引公司高管实时浏览和关注相关互动。对公司管理团队产生"心理和精神"压力，形成网络社会关系的高管"声誉"约束机制，提高资本使用效率。

②新旧媒体传播机制的差异。传统媒体多以报纸或者网页形式传播相关信息，作为独立的媒介，对公司的分析报道多以公司公开披露信息为基础，结合专门团队的分析意见最后形成报告。其间对公司信息的理解可能存在"过度解读"或者"解读不清"，增加投资者与公司的信息不对称。同时，传统媒体信息扩散的广度和持久度均受到媒介性质的约束，中小投资者获取相关信息方便性和参与机会均较差，引起政府"注意"并"介入"的机制较为缓慢。而微博为代表的网络社会关系，由于新媒体传播信息的广度和深度均显著强于传统媒体，粉丝通过对微博内容的转发和回复会显著增强公司信息披露传播广度和深度，形成"瞬间热点"或者"持续热点"，更容易引起政府部门"关注"和"介入"，促进治理水平的提升，提高投资效率。

表 3 − 6　　　　　　　网络社会关系、媒体报道总数与投资效率

变量	I	II	III
Tq_t − 1	0. 0083 ***	0. 0078 ***	0. 0073 ***
	(4. 88)	(4. 64)	(4. 38)
Sn	− 0. 0142 **	0. 0134	0. 0206
	(− 2. 26)	(1. 29)	(0. 90)
Tmedia_t − 1	0. 0204 **		
	(2. 24)		
Tq × Tmedia_t − 1	− 0. 0150 ***		
	(− 2. 93)		
Tq × Tmedia_t − 1 × Sn	0. 0120 **		
	(2. 21)		
Pmedia_t − 1		− 0. 0134 **	
		(− 2. 15)	
Tq × Pmedia_t − 1		− 0. 0122 **	
		(− 2. 12)	
Tq × Pmedia_t − 1 × Sn		0. 0145 **	
		(2. 24)	
Nmedia_t − 1			− 0. 0118 *
			(− 1. 91)
Tq × Nmedia_t − 1			− 0. 0098
			(− 0. 94)
Tq × Nmedia_t − 1 × Sn			0. 0065 *
			(1. 77)
Cfo_t − 1	0. 0648 ***	0. 0637 **	0. 0622 **
	(2. 58)	(2. 53)	(2. 48)
Lev_t − 1	0. 0535 ***	0. 0541 ***	0. 0553 ***
	(2. 89)	(2. 92)	(2. 99)
Seo_t − 1	0. 0487 *	0. 0486 *	0. 0505 **
	(1. 95)	(1. 95)	(2. 02)
Size_t − 1	0. 0026	0. 0027	0. 0028
	(1. 24)	(1. 26)	(1. 32)
List_t − 1	− 0. 0030 ***	− 0. 0031 ***	− 0. 0030 ***
	(− 5. 82)	(− 5. 83)	(− 5. 79)
_cons	0. 0044	0. 0037	0. 0005
	(0. 09)	(0. 07)	(0. 01)
Industry	Yes	Yes	Yes
Year	Yes	Yes	Yes
Obs	2 808	2 808	2 808

注：1. 括号内数值为 T 值；2. ***、**、*分别表示在 1%、5%、10% 的水平上显著。

（2）公司性质的影响。表3-7呈现了不同公司性质的分类回归结果，从结果中可以发现，在国有企业组，媒体报道总数和正面媒体报道与投资机会交互项对新增投资呈现显著的负相关关系，而负面媒体报道的交互项依然不显著，结果与表3-5一致。而媒体报道、投资机会和网络社会关系三个变量的交互项回归系数虽然为正，但是都不显著，表明国有企业网络社会关系并不能有效缓解媒体报道对公司资本使用效率的负面影响。在民营企业组，媒体报道总数与投资机会交互项对新增投资呈现显著的负相关关系，报道总数、投资机会与网络社会关系三个变量交互项则呈现显著的正相关关系，系数为0.0162，大于媒体报道对资本使用效率的负面影响。说明民营企业网络社会关系显著扭转了媒体报道的负面影响，提高了公司治理水平，抑制过度投资等非理性投资行为，提高公司资本使用效率，具有显著的网络社会关系投资效率治理作用。进一步从正面媒体报道和负面媒体报道两个维度进行检验发现，正面媒体报道和负面媒体报道与投资机会交互项对民营企业新增投资依然呈现显著的正相关关系，国有企业依然不显著，表明网络社会关系对民营企业资本使用效率治理作用的回归结果较为稳健。

（3）网络社会关系的进一步分析。为了进一步分析网络社会关系对投资效率治理作用的影响机理，本书利用微博粉丝数表示公司网络社会关系的广度与强度指标进行检验。由于从收集到的公司博文数据可以发现，样本公司网络社会关系的粉丝数较为离散，其原因可能在于不同公司博文账号号召力、行业特性和博文涉及的范围等方面存在巨大差异，粉丝来源复杂。分布不具有正态分布特征，不能直接放入模型进行回归检验。为此，本书将粉丝数进行分组检验，检验结果如表3-8所示。

从结果可以发现，在低粉丝数组中，媒体报道总数、投资机会与网络社会关系交互项与新增投资呈现显著的正相关关系，说明在低粉丝数组，粉丝数越多，网络社会关系对资本使用效率的治理作用越明显。而在高粉丝组中，负面媒体报道、投资机会与网络社会关系交互项与新增投资呈显著的正相关关系，说明在高粉丝组，粉丝越多，网络社会关系越能发挥负面媒体报道对资本使用效率的治理作用。

表 3 - 7　　　　　　　　　　按公司性质分类回归结果

变量	国企	民企	国企	民企	国企	民企
Tq_t - 1	0.0101 ***	0.0080 ***	0.0098 ***	0.0073 ***	0.0090 ***	0.0070 ***
	(3.93)	(3.29)	(3.83)	(3.06)	(3.55)	(2.98)
Sn	0.0010	- 0.0337 ***	0.0246 *	0.0012	0.0245	0.0259
	(0.13)	(- 3.19)	(1.95)	(0.07)	(0.78)	(0.73)
Tmedia_t - 1	0.0231 **	0.0210				
	(2.00)	(1.40)				
Tq × Tmedia_t - 1	- 0.0205 **	- 0.0145 **				
	(- 2.20)	(- 2.15)				
Tq × Tmedia_t - 1 × Sn	0.0072	0.0162 **				
	(0.74)	(2.30)				
Pmedia_t - 1			0.0007	- 0.0314 ***		
			(0.09)	(- 2.99)		
Tq × Pmedia_t - 1			- 0.0224 **	- 0.0074		
			(- 2.32)	(- 0.93)		
Tq × Pmedia_t - 1 × Sn			0.0106	0.0199 **		
			(0.98)	(2.31)		
Nmedia_t - 1					0.0033	- 0.0306 ***
					(0.44)	(- 2.95)
Tq × Nmedia_t - 1					- 0.0229	- 0.0093
					(- 1.16)	(- 0.65)
Tq × Nmedia_t - 1 × Sn					- 0.0035	0.0125 **
					(- 0.63)	(2.47)
Controlvaribles	Yes	Yes	Yes	Yes	Yes	Yes
Obs	1 662	1 146	1 662	1 146	1 662	1 146

注：1. 括号内数值为 T 值；2. *** 、** 、* 分别表示在1% 、5% 、10% 的水平上显著。

表 3 - 8　　　　　　　　　　按粉丝数分类回归结果

变量	低粉丝数	高粉丝数	低粉丝数	高粉丝数	低粉丝数	高粉丝数
Tq_t - 1	0.0042	- 0.0038	0.0027	- 0.0029	0.0023	- 0.0019
	(0.86)	(- 0.69)	(0.57)	(- 0.55)	(0.50)	(- 0.37)
Sn	- 0.0499 *	0.0084	- 0.0468 *	0.0146	- 0.0349	0.0153
	(- 1.92)	(0.23)	(- 1.79)	(0.40)	(- 1.37)	(0.44)
Tmedia_t - 1	0.0128	- 0.0046				
	(0.55)	(- 0.21)				

续表

变量	低粉丝数	高粉丝数	低粉丝数	高粉丝数	低粉丝数	高粉丝数
Tq × Tmedia_t − 1	− 0.0268 * (− 1.91)	− 0.0106 (− 0.35)				
Tq × Tmedia_t − 1 × Sn	0.0235 * (1.68)	0.0370 (1.17)				
Pmedia_t − 1			− 0.0195 (− 0.76)	− 0.0212 (− 0.87)		
Tq × Pmedia_t − 1			− 0.0185 (− 1.21)	0.0094 (0.34)		
Tq × Pmedia_t − 1 × Sn			0.0255 (1.52)	0.0243 (0.79)		
Nmedia_t − 1					0.0335 (0.58)	0.0494 (0.90)
Tq × Nmedia_t − 1					− 0.0081 (− 0.34)	− 0.0074 (− 0.28)
Tq × Nmedia_t − 1 × Sn					− 0.0025 (− 0.31)	0.0248 *** (2.79)
Controlvaribles	Yes	Yes	Yes	Yes	Yes	Yes
Obs	1 506	1 302	1 506	1 302	1 506	1 302

注: 1. 括号内数值为 T 值; 2. ***、**、* 分别表示在 1%、5%、10% 的水平上显著。

3.5 稳健性检验

为了考察回归稳健性,本书用正面报道除以报道总数获得报道趋势,作为媒体监督的替代变量,将微博关注数作为网络社会关系替代变量带入模型进行检验,回归结果如表 3 − 9 所示,从结果可以发现,无论是全样本回归还是分类回归,结果均保持一致,表明本书研究结论具有较强的稳健性。

表 3 − 9　　　　　　　　稳健性检验

变量	全样本	国企	民企	全样本	国企	民企
Tq_t − 1	0.0099 *** (6.48)	0.0101 *** (3.97)	0.0073 *** (3.06)	0.0081 *** (4.82)	0.0100 *** (3.91)	0.0078 *** (3.26)

变量	全样本	国企	民企	全样本	国企	民企
Mediatrend_t − 1	0.0189 *** (3.03)	0.0237 ** (2.04)	0.0096 (0.59)	− 0.0130 ** (− 2.09)	0.0015 (0.20)	− 0.0318 *** (− 3.02)
Tq × Mediatrend_t − 1	− 0.0084 *** (− 3.08)	− 0.0156 *** (− 2.57)	− 0.0014 (− 0.22)	− 0.0134 ** (− 2.47)	− 0.0184 * (− 1.92)	− 0.0119 (− 1.63)
Tq × Mediatrend_t − 1 × Sn	—	—	—	0.0115 * (1.94)	0.0039 (0.38)	0.0184 ** (2.36)
Sn	—	—	—	0.0160 * (1.66)	0.0232 ** (1.98)	0.0104 (0.64)
Controlvaribles	Yes	Yes	Yes	Yes	Yes	Yes
Obs	2 808	1 662	1 146	2 808	1 662	1 146

注：1. 括号内数值为 T 值；2. ***、**、* 分别表示在 1%、5%、10% 的水平上显著。

3.6　本章小结

本章对陈等（2011）的计量模型进行了拓展，先后将媒体报道和网络社会关系放入模型，对中国公司网络社会关系、媒体报道对资本使用效率的影响进行研究。获得了如下结论：（1）中国媒体报道总数、正面报道和报道倾向对公司投资效率呈现显著负相关关系，对资本使用效率具有负向影响，失去了对资本使用效率的治理作用，国有企业更为明显。（2）社会网络和投资机会分别与媒体报道总数、正面报道、负面报道及报道倾向性的交互项与新增投资呈显著正相关关系，网络社会关系能够帮助中国公司抑制媒体报道对资本使用效率的负向影响，对公司资本使用效率具有显著的治理效应。（3）进一步研究发现，民营企业网络社会关系对资本使用效率正向影响更为明显，具有显著的公司治理效应。（4）网络社会关系广度和深度是公司抑制媒体报道对资本使用效率负向影响的关键因素，是发挥网络社会关系公司治理作用重要途径。

上述研究结论在理论上有两个方面的重要意义：一是在网络社会关系日益重要的今天，将陈等（2011）的投资效率模型进行拓展，将投资效率作为资本使用效率的替代考察方式，在此基础上率先研究并检验了中国公司网络社会关系对资本使用效率方面具备的治理作用。二是网络社会关系作为传统媒体的重要补充，能够有效地弥补媒体报道在公司治理机制上的不足，对完善媒体治理理论和公司外部治理理论具有积极的意义。

在实践方面的价值在于，中国公司媒体治理机制一直都是资本市场广为诟病的领域。本研究结论有助于进一步促进中国公司发展网络社会关系，增强信息透明度，提升公司治理水平，提高资本使用效率。

按公司规模分类媒体报道与资本使用效率、按公司规模分类网络社会关系、媒体报道和资本使用效率的进一步检验结果分别如表 3 - 10 和表 3 - 11所示。

表 3 - 10　　　　　按公司规模分类媒体报道与资本使用效率回归结果

变量	大型企业	中小企业	大型企业	中小企业	大型企业	中小企业	大型企业	中小企业
$Tq\_t - 1$	0.0164*** (4.12)	0.0026 (0.93)	0.0160*** (4.05)	0.0030 (1.10)	0.0155*** (3.87)	0.0013 (0.47)	0.0162*** (4.09)	0.0030 (1.09)
$Tmedia\_t - 1$	0.0193 (0.74)	0.0232 (1.05)						
$Tq \times Tmedia\_t - 1$	-0.0192 (-1.29)	-0.0030 (-0.34)						
$Pmedia\_t - 1$			0.0293 (0.90)	0.0192 (0.74)				
$Tq \times Pmedia\_t - 1$			-0.0250 (-1.33)	-0.0064 (-0.62)				
$Nmedia\_t - 1$					-0.0101 (-0.20)	-0.0932* (-1.87)		
$Tq \times Nmedia\_t - 1$					0.0060 (0.20)	0.0809*** (3.35)		
$Mediatrend\_t - 1$							0.0413 (1.49)	0.0149 (0.65)
$Tq \times Mediatrend\_t - 1$							-0.0265* (-1.64)	-0.0047 (-0.50)
_cons	0.5721*** (4.05)	0.4148** (2.56)	0.5622*** (3.99)	0.4228*** (2.62)	0.5990*** (4.26)	0.4420*** (2.73)	0.5624*** (3.99)	0.4224*** (2.63)
Controlvaribles	Yes	Yes	Yes	Yes	Yes	Yes	Yes	Yes
Obs	702	702	702	702	702	702	702	702

注：1. 括号内数值为 T 值；2. ***、**、* 分别表示在1%、5%、10%的水平上显著。

表 3 – 11　按公司规模分类网络社会关系、媒体报道和资本使用效率回归结果

变量	中小企业	大型企业	中小企业	大型企业	中小企业	大型企业	中小企业	大型企业
Tq_t – 1	0.0022 (0.80)	0.0171*** (4.27)	0.0073*** (3.06)	0.0166*** (4.19)	0.0009 (0.34)	0.0159*** (3.96)	0.0026 (0.96)	0.0168*** (4.24)
Sn	0.0145 (1.39)	–0.0188 (–1.34)	0.0012 (0.07)	0.0294 (0.85)	–0.1013** (–2.03)	–0.0039 (–0.08)	0.0099 (0.43)	0.0444 (1.47)
Tmedia_t – 1	0.0185 (0.83)	0.0218 (0.80)						
Tq × Tmedia_t – 1	–0.0145 (–1.14)	–0.0314* (–1.80)						
Tq × Tmedia_ t – 1 × Sn	0.0154 (1.25)	0.0244 (1.18)						
Pmedia_t – 1			–0.0314*** (–2.99)	–0.0186 (–1.34)				
Tq × Pmedia_t – 1			–0.0074 (–0.93)	–0.0348* (–1.71)				
Tq × Pmedia_ t – 1 × Sn			0.0199** (2.31)	0.0246 (0.99)				
Nmedia_t – 1					0.0183* (1.76)	–0.0154 (–1.11)		
Tq × Nmedia_t – 1					0.0809*** (3.35)	0.0048 (0.16)		
Tq × Nmedia_ t – 1 × Sn					–0.0001 (–0.02)	0.0031 (0.18)		
Mediatrend_t – 1							0.0194* (1.90)	–0.0202 (–1.46)
Tq × Mediatrend_ t – 1							–0.0096 (–0.72)	–0.0322* (–1.87)
Tq × Mediatrend_ t – 1 × Sn							0.0059 (0.45)	0.0133 (0.63)
Controlvaribles	Yes	Yes	Yes	Yes	Yes	Yes	Yes	Yes
Obs	702	702	702	702	702	702	702	702

注：1. 括号内数值为 T 值；2. ***、**、* 分别表示在 1%、5%、10% 的水平上显著。

第4章

货币政策对债务资本使用效率的影响

4.1　研究背景

公司投资效率与货币政策之间存在显著相互影响（King，1986；Christiano and Eichenbaum，1992；靳庆鲁、孔祥和侯青川，2012；喻坤，2014；张亦春和李晚春，2015），是公司财务和宏观经济的重点研究领域。现有文献成果涵盖资本结构、融资约束和债务期限水平等诸多领域，但在微观投资效率与宏观货币政策相互影响的传导机制方面依然处于黑箱状态。宏观货币政策通过市场机制引导微观公司投资行为并调节经济运行方式，以实现经济平稳健康运行目标，企业整体投资行为可能会表现为投资过热或者过冷并体现在 CPI、PPI 等宏观指标上，引导政府调整货币政策。投资效率历来是评价微观公司投资行为的综合指标，不仅体现了货币政策本身的实施效果，还是货币政策调整的重要参考。公司投资资本包括债务资本和股权资本，由于债务资本和权益资本在成本、可获取性、相关者利益诉求和对公司经营监管行为等方面的巨大差异，公司管理层对债务资本和权益资本的使用偏好会存在显著不同，导致公司债务资本投资效率与权益资本投资效率存在实际上的差别。同时，近年来我国公司负债率和公司现金持有水平持续攀升①，公司现金的银行存贷款息差一直是世界主要经济体中

---

① 国家财政部数据显示，截至 2017 年 6 月末，国有企业负债总额为 941293.4 亿元，同比增长 11.4%；其中，中央企业负债总额为 498305 亿元，同比增长 9.2%；杨小平（2014）发现，2005～2012 年我国上市企业现金持有比率从 14.41% 上升至 16.07%，高于国外水平。

最高的①，行业产能过剩和公司过度投资行为较为普遍②，货币存量规模越来越庞大③。这些现象令人深思：整体上而言，我国企业存在过度贷款④，支付较高息差成本将过量现金存入银行，过度投资并导致产能过剩，投资效率大幅下降，货币存量规模却越来越大⑤，拓扑图如图 4-1 所示。其中几个疑惑值得思考：第一，我国公司为什么愿意高杠杆融资支付高息差同时持有大量现金？第二，我国公司为什么倾向高杠杆融资并过度投资？第三，货币政策与投资效率相互影响的经典模型在我国是否已经失灵？第四，投资效率是否可以拆分为债务资本投资效率和权益资本投资效率？第五，基于货币政策传导路径⑥，货币政策与微观企业相互影响是否可以从公司投资效率深入到债务资本使用效率？可否构建货币政策与债务资本使用效率双向影响模型对上述问题进行解释？

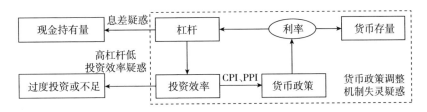

图 4-1　投资效率与货币政策逻辑

① 中国国际经济交流中心主任徐洪才在第八届中国证券市场年会中表示，我国名义贷款利率为 6%，整个银行的存贷款息差是世界上最高的。

② 特伦斯·斯图尔特（Terence P. Stewart）指出，中国经济在过去 30 年保持高速增长，2001 年之后一半的年份中投资是拉动 GDP 增长的第一推动力，大量投资涌入钢铁、水泥、平板玻璃、化工、纺织、金属、造纸等基本行业，使得这些行业产能快速增加，最终导致过度投资。

③ 据中国新闻网（http：//finance. chinanews. com/fortune/2017/11 - 13/8375320. shtml）数据显示，截至 2017 年 10 月末，广义货币（M_2）余额为 165.34 万亿元，同比增长 8.8%；狭义货币（M_1）余额为 52.6 万亿元，同比增长 13%；流通中货币（M_0）余额为 6.82 万亿元，同比增长 6.3%。

④ 中国工商银行前行长、中国银监会特邀顾问杨凯生在 2014 年夏季达沃斯论坛上表示，我国总债务资本结构不合理，企业负债率非常高，从宏观上看我国经济增长对银行贷款的依赖是过度的，我国企业从银行的融资也是过度的，中国应该下决心去杠杆，降低企业资产负债比例。

⑤ 据中国新闻网（http：//finance. chinanews. com/fortune/2017/11 - 13/8375320. shtml）数据显示，截至 2017 年 10 月末，广义货币（M_2）余额为 165.34 万亿元，同比增长 8.8%；狭义货币（M_1）余额为 52.6 万亿元，同比增长 13%；流通中货币（M_0）余额为 6.82 万亿元，同比增长 6.3%。

⑥ 货币政策传导主要通过四种途径：（1）利率传递途径；（2）信用传递途径；（3）非货币资产价格传递途径；（4）汇率传递途径。

基于上述问题，我们提出本书研究框架，如图 4 – 2 所示。

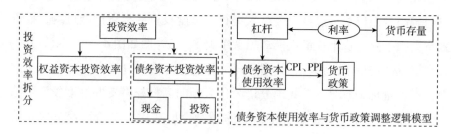

图 4 – 2　债务资本使用效率与货币政策调整逻辑模型

我们首先借鉴理查森（2006）投资效率模型对投资效率进行拆分获得债务资本投资效率，结合奥普勒等（Opler et al.，1999）最优现金持有水平模型和邓路等（2017）过度负债模型评价高息差损失，计算获得债务资本使用效率。然后开展债务资本使用效率与货币政策的格兰杰检验，在此基础上分别构建债务资本使用效率与货币政策的计量回归模型进行实证检验。通过实证检验发现：第一，货币政策与我国债务资本使用效率通过格兰杰检验，互为因果；第二，货币政策与债务资本使用效率显著正相关，我国宽松的货币政策更有利于提升公司债务资本使用效率，影响存在显著的滞后性；第三，债务资本使用效率对货币政策调整具有显著影响。本书的主要贡献在于如下几个方面：首先，创新性地提出了债务资本使用效率的研究思路和框架，借鉴理查森投资效率模型、奥普勒等（1999）最优现金持有量模型和邓路等（2017）过度负债模型测算债务资本使用效率，揭开了投资效率黑箱；其次，通过货币政策与债务资本使用效率的实证检验发现，双方存在显著相关关系，该结论有助于解释我国公司高杠杆融资进行过度投资同时货币存量却依然持续快速增长的现象；最后，为制定货币政策调控机制进而优化资源配置提供了新的理论视角。

4.2　理论分析与研究假设

4.2.1　企业投资效率、债务资本使用效率的关系与货币政策

货币政策是国家调控经济运行的重要手段和工具，对微观公司的传导机制和针对市场反应的调整机制非常复杂。货币政策变化通过货币渠道和信用渠道对实体经济运行产生重要影响（King，1986；Christiano and Eichenbaum，1992），经济运行质量检验货币政策执行效果并影响货币政策调整。因此货币政策的实施不仅仅是宏观调控，也需要关注公司微观层面的实际运营（刘海明，2016）。货币政策对微观公司行为的映射是通过货币政策传导机制实现的，即央行运用货币政策工具，通过影响利率等中介指标影响微观实体经济决策，最终实现预期政策目标（Sanders and Nee，1992）。当前关于货币政策效应的研究大都建立在"代表性厂商"假设之下（Gatti et al.，2010），货币政策对实体经济的作用变成了单个公司对宏观经济政策的响应，公司投资效率成为反映货币政策执行效果的表现之一，研究货币政策对公司投资的影响也有助于更好地考察公司行为和对政策执行效果进行评价（贺妍，2017）。吕长江和张海平（2011）认为，微观公司投资效率不仅决定了它未来的现金流量水平及风险程度，还构成了整个国家宏观经济的微观基础。可见，在该领域上，货币政策传导对公司的影响机制已经受到很多学者的关注，已有很多研究发现货币政策对企业投资能够产生显著影响（Kashyap et al.，1993；Nielsen，1997；Hu，1999；祝继高和陆正飞，2009；姜国华和饶品贵，2011）。国内文献主要围绕投资效率的影响因素和货币政策的经济后果进行了大量的研究，且大多数研究主要集中在影响公司投资效率的内部因素上，理论和实证研究成果都较为丰富，但却鲜有人将货币政策宏观机制与执行效果从企业微观视角来进行研究，甚至在该领域上还没有学者将货币政策与企业投资效率之间的影响深入到债务资本使用效率来讨论。许多学者对于债务资本视角大

多从债务期限、公司代理成本等相关因素研究公司治理问题，这些方面都始终围绕企业债务资本最直接的关键因素——债务资本使用效率。债务资本是企业筹资资本中的一部分，也是企业资金投资效率的重要相关因素之一。近年来，我国债务资本市场规模日益庞大，然而大量的债务资本资源更多地流向了大中型公司，遗憾的是这些公司的投资效率并不高，尤其是国有公司在利用债务资源方面效率较为低下，造成资源配置没有效率，导致过度投资，产能过剩。许多学者对该问题也进行了阐述：陆正飞（2011）通过选取样本数据对公司采用负债方式进行获取资金与公司投资之间的关系时，得出公司采用负债方式进行融资会影响公司的投资行为，负债融资水平高的公司，公司投资相对较小；负债水平低的公司，投资相对较高，即负债水平与公司投资呈现负相关关系；黄乾富等（2009）通过对中国制造业公司的实证研究发现，债务比例与公司投资过度支出之间呈现显著的负相关关系，证明债务对公司过度投资行为有较强约束作用。企业作为整个经济体系中的基础单元，债务融资可以对社会闲散资金进行再分配，其资金使用效率的高低，一方面影响着企业自身的生存和扩大再生产，另一方面也直接影响中国经济体系的运行效率，即上市公司的货币资金使用效率将直接影响社会资金的配置效率（邓翔，2015），提高企业债务资本使用效率，宏观经济层面的资源问题也会得到进一步改善。李海海等（2017）通过单因素方差分析对负债比率的行业间差异检验，证明不同规模的公司资本结构调整对货币政策的反应程度是显然不同的，说明国家的货币政策对企业会因债务资本在企业投资资本中的比重不同而产生不同的影响。上述理论都说明了企业投资效率与债务资本使用效率存在着一定的逻辑关系，进而说明货币政策通过一定的传导机制影响微观企业的债务资本使用效率，并且在一定程度上企业债务资本使用效率也影响着货币政策执行效果。因此，本书提出以下假设：

假设 4 - 1：货币政策与公司债务资本使用效率互为因果。

4.2.2　债务资本使用效率与货币政策

我国经过了四十多年的改革开放，建立了混合经济体制。正处于经济转型中的中国开始步入"混合经济体制"时代，产业结构、市场体制等正在发生变化。易宪容、袁秀明（2006）认为，关注金融机构新增贷款非常重要，因为国家采取的低利率政策很可能促进投资高增长，也可能导致过热。在市场经济体系下，所有微观公司的活跃程度在一定层面上体现了经济运行的总体质量水平，公司无论是投资过热，还是投资萎缩，都代表了经济过热或者经济危机的两个极端，这也是货币政策需要解决的关键问题所在。国家执行货币政策，如果经济繁荣，公司债务资本使用效率极高，但是货币政策处于较为稳定或者收缩状态，则说明经济出现较明显的融资约束现象。无论是哪一种情形，债务资本都是其中的纽带和桥梁。债务融资作为公司的重要融资方式之一，在一定程度上能够约束管理层行为，因为债务融资使得公司的经营者有到期偿还本金支付利息的压力，迫使公司不得不预留出足够的资本金来保障公司的债务偿还能力，规避破产风险，从而抑制管理层滥用自由现金流进行盲目投资的行为，提高投资效率，进而体现在企业债务资本的使用效率上，因此有些企业在拥有大量债务融资的同时，持有现金水平也高于一般比例，这就是负债的治理作用。但由于在不同经济周期，货币政策影响公司现金持有水平和负债水平，尽管公司投资效率会有所提高，但公司的债务资本使用效率也会有所不同，更有学者研究发现，企业在货币政策紧缩时期会增加现金持有量，导致投资不足，存在明显的信息环境不确定性效应（Jensen，1986；陆正飞等，2009）。陈艳（2013）认为，公司投资机会与其所处经济周期相关，在经济紧缩阶段，公司投资机会明显降低；在经济扩张阶段，公司投资机会明显增加。同时也提出，紧缩的货币政策或者提高基准利率会增加公司的融资成本，从而降低公司背离投资机会的投资过度倾向，提高公司投资效率；宽松的货币政策或者降低基准利率能够提高公司的融资能力，从而降低其融资约束，提高公司投资效率。在紧缩型经济周期，投资机会增加相较于投资机会较少的情况下会刺激企业的债务资本使用效率，反之则会抑制企业债务资本的使用，导致资金的积压，从而使资源配置不合理，甚至造成货币政策无效；而相对于在宽松型经济周期，投资机会增多则会使企业容易出现过度投资的情况，导致债务资本使用非效率。因此在不同的经济周期，微观企业所反映出来的经济行为也有所不同。

根据以上理论，本书提出以下假设：

假设4-2：在我国不同经济周期，我国公司债务资本使用效率也会不同，且宽松货币政策更有利于提升公司债务资本使用效率，影响存在显著滞后性。

假设4-3：债务资本使用效率对货币政策调整具有显著影响，且影响存在滞后性。

4.3 研究设计

4.3.1 模型构建

对于假设4-1，本书研究债务资本使用效率与货币政策执行效果两者之间的关系界定，利用格兰杰因果关系检验，检验二者之间是否存在格兰杰因果关系，即公司债务资本使用效率与货币政策执行效果具有长期相互影响的关系。在经济学领域中，广义货币供应量M_2可以作为衡量货币政策的一个重要指标。M_2同时反映现实和潜在购买力，中央银行和各商业银行可以据此判定货币政策。M_2过低，表明需求强劲、投资不足，存在通货膨胀风险；M_2过高，表明投资过热、需求不旺，存在资产泡沫风险。因此，本书以M_2的自然对数来替代货币政策执行效果变量。格兰杰因果检验模型（Granger C. W. J.，1969）如下：

$$\ln M_{2t} = \sum_{i=1}^{n} \theta_i \, DEBT\_EFF_{k,t-i} + \sum_{j=1}^{m} \varphi_j \ln M_{2t-j} + \upsilon_{1t}$$

$$DEBT_{EFFk,t} = \sum_{j=1}^{m} \varphi_j \ln M_{2t-j} + \sum_{i=1}^{n} \theta_i \, DEBT_{EFFk,t-i} + \upsilon_{2t} \qquad (4-1)$$

对于假设4-2，本书通过借鉴靳庆鲁、孔祥和侯青川（2012）的研究模型，以债务资本使用效率替代变量（INDEBT）作为被解释变量，债务资本使用效率替代变量包括以超额现金持有水平或超额负债水平计算的债务资本使用非效率 DEBT_EFF$_k$、债务资本投资非效率 EFF 与债务资本存量变化率 ΔDEBTLEV；以货币政策执行效果（lnM$_2$）作为解释变量，并借鉴唐雪松、周晓苏和马如静（2007）提出的 REV 公司营业收入水平来表示公司在第 t 期的投资机会，以替代传统的 TOBI N$_Q$ 值。并在模型中加入当期公司是否出现超额负债的虚拟变量 YNOVERLOAN，如出现超额负债取值为 1，否则为 0，并加入是否超额负债虚拟变量与超额现金的交乘项 YNOVERLOAN × OVERCASH，当公司超额持有现金 OVERCASH > 0，YNOVERLOAN = 1 时，表明公司一方面存在超额现金，另一方面存在过度负债融资，总体表现为投资不足或投资过度；当公司超额持有现金 OVERCASH < 0，YNOVERLOAN = 1 时，表明公司即便存在过度负债融资，且现金持有水平没有达到最优，公司债务使用效率依然不高。相应地，当债务资本使用效率是根据超额负债来计算时，在模型中加入是否超额现金持有的虚拟变量 YNOVERCASH 与交乘项 YNOVERCASH × OVERLOAN。模型（4 - 2）将样本数据按照不同经济周期分为货币政策宽松部分和货币政策紧缩部分分别进行回归，以此进行回归验证假设。模型如下：

$$INDEBT_t = \alpha_0 + \alpha_1 \, lnM_{2t-1} + \alpha_2 \, ROE_{t-1} + \alpha_3 \, CFO_{t-1} + \alpha_4 \, SIZE_{t-1} + \alpha_5$$

$$LEV_{t-1} + \alpha_6 \, REV_{t-1} + \alpha_7 \, MB_{t-1} + \alpha_8 \, LISTAGE_{t-1} + \alpha_9 \, YNOVERLOAN_t /$$

$$YNOVERCASH_t + \alpha_{10} \, YNOVERLOAN_t \times OVERCASH_t / YNOVERCASH_t \times$$

$$OVERLOAN_t + INDUSTRY + YEAR + \varepsilon_1 \qquad\qquad (4-2)$$

对于假设 4 - 3，本书借鉴邓雄、蒋中其（2006）的研究模型，将货币政策执行效果替代变量（MONETARY）作为被解释变量，货币政策执行效果替代变量包括狭义货币供应量 lnM$_1$、广义货币供应量 lnM$_2$ 与国内生产总值 lnGDP；以滞后一期的债务资本使用效率（DEBT_EFF$_k$）作为解释变量，并在模型中也加入当期公司是否出现超额负债的虚拟变量 YNOVERLOAN 或是否超额现金持有虚拟变量 YNOVERCASH，并且公司样本数据采用每年整体均值，与宏观经济变量相匹配。其中企业相关变量滞后一期，模型如下：

$$MONETARY_{t-1} = \beta_0 + \beta_1 \, DEBT\_EFF_{k,t} + \beta_2 \, TOBIN\_Q_t + \beta_3 \, lnGDP_{t-1} +$$

$$\beta_4 R_{t-1} + \beta_5 CPI_{t-1} + \beta_6 M_{t-1} + \beta_7 NPL_{t-1} + \beta_8 YNOVERLOAN_t/YNOVERCASH_t$$

$$+ \varepsilon_2 \tag{4-3}$$

4.3.2 变量界定

债务资本使用效率是本书研究的关键变量，本书通过以下方法进行计算。

1. 债务资本投资效率的度量

本书以理查森（2006）投资效率模型度量债务资本投资效率，该模型用残差来衡量公司非效率投资的程度，弥补了上述两个模型无法具体量化非效率投资程度这一不足。理查森（2006）利用会计方法，构建了一个包含投资机会、资产负债率、现金流、公司规模、公司经营年限、股票收益、上年新增投资等相关解释变量的最优投资模型。若模型残差项大于 0，则表示公司为投资过度；若残差小于 0，则表示公司为投资不足，其数值则表示投资过度或投资不足的程度。但此方法没有考虑代理冲突和信息不对称等其他因素对投资行为的影响，且模型中引入上年度新增投资依据不足，所以检验样本如果整体上存在投资过度或投资不足时，采用该模型会存在系统性误差等问题。

本书运用残差度量（Richardson）模型（模型（4-4））来度量债务资本使用非效率，对理查森模型进行修正（模型（4-5）），考察其残差值作为债务资本投资非效率的替代变量，模型（4-4）～模型（4-5）回归所得的估计残差代表公司非效率投资部分，为正代表投资过度，为负则代表投资不足，当 $\varepsilon = 0$ 时，则表示公司投资效率最优。

$$INVEST_t = \varphi_0 + \alpha_1 INVEST_{t-1} + \varphi_2 TOBI N_{Q_{t-1}} + \varphi_3 LEV_{t-1} + \varphi_4 CASH_{t-1} +$$

$$\varphi_5 SIZE + \varphi_6 LISTAGE_{t-1} + \varphi_7 ROA_{t-1} + INDESTRY + YEAR + \varepsilon_3 \tag{4-4}$$

$$DEBT\_INVEST_t = \gamma_0 + \alpha_1 INVEST_{t-1} + \gamma_2 TOBI N_{Q_{t-1}} + \gamma_3 LEV_{t-1} + \gamma_4$$

$$CASH_{t-1} + \gamma_5 SIZE + \gamma_6 LISTAGE_{t-1} + \gamma_7 ROA_{t-1} + INDESTRY + YEAR + \varepsilon_4$$

$$\tag{4-5}$$

其中，DEBT_INVEST$_t$是公司年报和公告披露项目资金来源中负债资金占项目资金的比例和公司负债率分别乘以投资后的乘积。列式如下：

$$DEBT\_INVEST = LEV \times INVEST$$
$$DEBT\_INVEST = RATIO \times INVEST$$

通过回归得到债务资本投资效率，回归结果如表 4 - 1 第一列所示。

2. 超额现金持有水平的度量

本书借鉴奥普勒等（1999）和杨小平等（2014）的研究方法，通过构建最优现金持有模型，回归得出残差即为公司超额现金持有水平（OVER-CASH）。参考沃格特（1994）的思路，进一步计算出债务资本使用效率。当公司持有的现金超过最优持有水平时，二者差额的值越大，说明公司现金流越充裕，在公司投资机会有限的情况下，此时债务融资形成的现金流对投资效率并未发挥有效的作用，相反，超额现金持有还使得公司承受较大的息差损失，从而进一步降低债务资本的使用效率。因而，相对于现金持有不足而言，过度持有现金对债务资本使用效率产生更为重要的影响。目标现金持有模型如下所示：

$$CASH_t = a_0 + a_1 CAP_t + a_2 NWC_t + a_3 TOBIN\_Q_t + a_4 DEBT_t + a_5 DFL_t + a_6 DIVID_t + a_7 SIZE_t + \varepsilon_5 \qquad (4-6)$$

最后回归得出的残差 ε_t 即为公司超额现金持有水平（OVERCASH），回归结果如表 4 - 1 第一列所示。

3. 超额负债水平的度量

本书将通过借鉴邓路、刘瑞琪和江萍（2017）的目标负债模型回归得出超额负债水平（Overloan），以此对实证结果进行稳健性检验。模型如下所示：

$$LEV_t = \gamma_0 + \gamma_1 TANG_{t-1} + \gamma_2 NDTS_{t-1} + \gamma_3 LIQUIDITY_{t-1} + \gamma_4 GROWTH_{t-1} + \gamma_5 MB_{t-1} + \gamma_6 ROE_{t-1} + \gamma_7 CASH_{t-1} + \gamma_8 SIZE_{t-1} + \gamma_9 RISK_{t-1} + \gamma_{10} LISTAGE_{t-1} + \gamma_{11} DIVID_{t-1} + INDUSTRY + YEAR + \varepsilon_6 \qquad (4-7)$$

通过回归得到残差 ε_t 为公司超额负债水平（Overloan），回归结果如表 4 - 1 第三列所示。

表4-1　债务资本投资效率、最有现金持有水平和最优债务水平回归结果

变量	DEBT_INVEST	变量	CASH	变量	LEV
Constant	0.00930 ** (2.15)	Constant	-0.393 *** (-23.93]	Constant	-0.913 *** (-28.37]
INVEST	0.126 *** (47.93)	CAP	-0.0945 *** (-6.96)	SIZE	0.0576 *** (40.70)
TOBIN_Q	0.000579 *** (6.93)	NWC	-0.227 *** (-67.32)	NDTS	-0.801 *** (-9.12)
LEV	-0.00332 *** (-4.24)	TOBIN_Q	0.00886 *** (22.71)	TANG	0.0874 *** (11.42)
CASH	-0.000903 (-0.58)	DEBT	-4.87e-06 *** (-49.60)	LIQUIDITY	-0.0474 *** (-77.83)
SIZE	0.000019 (0.10)	DFL	-0.00497 *** (-11.00)	GROWTH	0.000955 * (1.82)
LISTAGE	-0.00139 *** (-5.42)	SIZE	0.0254 *** (34.78)	MB	0.00756 *** (29.95)
ROA	0.0584 *** (22.05)	DIVID	0.0110 *** (9.45)	ROE	-0.0844 *** (-16.84)
				CASH	0.0820 *** (22.72)
				RISK	0.00000174 *** (20.10)
				LISTAGE	0.0143 *** (8.43)
				DIVID	0.0161 *** (9.14)
Industry and Quarter Dummy	Yes			Industry and Quarter Dummy	Yes
Observations	30 848	Observations	30 848	Observations	30 848
R-squared	0.138	R-squared	0.268	R-squared	0.375

注：①上述模型均借鉴传统经典模型进行回归，变量的描述性统计见附件1；②表中数据为各变量回归系数，括号内数字表示 t 值，其中 *** 表示 $p < 0.01$，** $p < 0.05$，* $p < 0.1$。

4. 债务资本使用效率的度量

通过理查森模型回归获得债务资本投资效率 EFF > 0 表示公司债务资

本投资过度，小于 0 为债务资本投资不足。当 EFF >0，且 OVERCASH >
0，说明公司一方面利用债务资本投资过度，另一方面存在超额现金造成
息差等损失，此时公司债务资本使用效率取二者之和；当 EFF >0，且
OVERCASH <0，说明在存在一定的现金流风险情况下，公司依然利用债
务资本进行过度投资，此时债务资本使用效率集中表现在投资过度上，取
值为 EFF。

　　反之，公司表现为投资不足时，说明债务资本使用效率较为充分，但
此时却出现超额现金，降低了债务资本使用效率，此时债务资本使用效率
为两者之和。当公司投资不足且现金持有低于最优水平时，说明管理层可
能由于股权融资或融资约束等原因无法筹集足够资金投资，此时债务资本
使用效率集中在投资不足上，取值为 EFF。详细结果如表 4 - 2 所示。

表 4 - 2　　　　　　　　基于过度现金持有的度量模型

序号	债务资本投资效率 EFF	OVERCASH	取值
1	>0	>0	+
2	>0	<0	EFF
3	<0	>0	+
4	<0	<0	EFF

　　当公司表现为投资过度时，同时出现超额负债，会进一步造成息差损
失，因此债务资本使用效率取值为两者相加；而当公司表现为投资过度且
资本没有出现超额负债，此时债务资本使用效率集中表现在投资过度上，
因此取值为债务资本投资非效率。反之，当公司表现为投资不足时，说明
债务资本使用效率较为充分，且出现超额负债，因此债务资本使用效率集
中表现为债务资本投资非效率；当公司表现为投资不足且没有出现超额负
债，则说明公司负债还有潜力，说明管理层由于股权融资或者融资约束等
原因无法筹集足够资金进一步投资，所以降低债务资本使用效率，因此取
值为两者之差。基于超额负债的度量模型如表 4 - 3 所示。

表4-3   基于超额负债的度量模型

序号	债务资本投资效率 EFF	OVERLOAN	取值
1	>0	>0	+
2	>0	<0	EFF
3	<0	>0	EFF
4	<0	<0	−

5. 货币政策变量度量与取值

模型（4-2）中不同经济周期的判断参考陆正飞、杨德明（2011）提出的 MP = M_2 增长率 – GDP 增长率 – CPI 增长率这一指标来估算货币政策宽松或紧缩，如果该指标偏大（大于中位数），则表示货币政策偏于宽松；反之，则表示货币政策偏于紧缩。从 2007~2016 年期间，MP 分别如表 4-4 所示。

表4-4   经济周期判别

年份	M_2 增速	GDP 增速	CPI 增速	MP	经济周期
2007	16.74	14.2	4.8	−2.26	紧缩
2008	17.82	9.7	5.9	2.22	紧缩
2009	27.68	9.4	−0.7	18.98	宽松
2010	19.73	10.6	3.3	5.83	宽松
2011	13.61	9.5	5.4	−1.29	紧缩
2012	13.84	7.9	2.6	3.34	宽松
2013	13.59	7.8	2.6	3.19	宽松
2014	12.16	7.3	2.0	2.86	紧缩
2015	13.30	6.9	1.4	5.00	宽松
2016	11.35	6.7	2.0	2.65	紧缩

通过表4-4可以发现，货币政策宽松的年份为：2009年、2010年、2012年、2013年、2015年；货币政策紧缩年份为2007年、2008年、2011年、2014年、2016年，结果与陆正飞和杨德明（2011）计算结果一致。

4.3.3　变量设定

本书相关变量说明如表 4 − 5 所示。

表 4 − 5　　　　　　　　　　　　**模型变量说明**

变量类型	变量名	计算方法
被解释变量与解释变量	INDEBT	债务资本使用效率替代变量
	DEBT_EFF$_k$（k = 1，2）	k = 1 时，表示以超额持有现金计算的债务资本使用非效率；k = 2 时，表示以超额负债计算的债务资本使用非效率
	EFF	债务资本投资非效率
	ΔDEBTLEV	债务资本存量变化率 = 债务资本年度变化值/债务资本年末存量
	MONETARY	货币政策替代变量
	lnM$_1$	狭义货币供应量自然对数
	lnM$_2$	广义货币供应量自然对数
	lnGDP	国内生产总值自然对数
	DEBT_INVEST	资产负债率×新增投资
	INVEST	新增投资 = 总投资 − 维持性投资
	LEV	资产负债率
	CASH	现金持有水平 = 现金及现金等价物/总资产
控制变量	TOBIN_Q	公司托宾 Q 值
	CFO	经营性现金流/总资产
	SIZE	公司总资产自然对数
	LIATAGE	公司上市年限
	ROA	公司盈利能力
	CAP	资本支出 = 购买固定资产、无形资产及其他长期资产支付的现金/期末总资产

续表

变量类型	变量名	计算方法
控制变量	NWC	流动性 =（流动资产 – 流动负债 – 现金及现金等价物）/总资产
	DEBT	债务结构 =（短期借款 + 一年内到期长期借款）/总负债
	DFL	财务杠杆系数
	TANG	资产结构 = 固定资产净值/总资产
	NDTS	非债务税盾 = 累计折旧/总资产
	LIQUIDITY	流动比率
	GROWTH	营业收入增长率
	MB	市值账面比
	ROE	净资产收益率
	RISK	经营风险 =（营业收入/营业总收入）的当期标准差
	REV	公司营业收入水平 = 营业收入/总资产
	CPI	居民消费价格指数增长率
	R	一年期银行贷款利率
	M	货币乘数
	NPL	商业银行不良贷款率
	DIVID	是否支付股利，支付为 1，否则为 0
	YNOVERCASH	当期是否持有超额现金，是则为 1，否则为 0
	YNOVERLOAN	当期是否持有超额负债，是则为 1，否则为 0
交互项	YNOVERCASH × OVERLOAN	是否持有超额现金与超额负债交乘项
	YNOVERLOAN × OVERCASH	是否持有超额负债与超额现金交乘项

4.4　实证分析

本书所有变量样本数据来自国泰安 CSMAR 数据库、中国人民银行官方网站与国家统计局。并剔除：（1）金融类上市公司；（2）ST 类上市公司；（3）实际控制人缺失的上市公司，最后得到 964 家上市公司样本数据，并对主要连续变量进行了上下 1% 的 Winsorize 处理，数据分析采用Stata14 进行处理。对于模型（4 - 5）~ 模型（4 - 7），本书选用 2001 ~ 2016 年半年度样本数据，最终得到 30848 条数据；对于模型（4 - 1），本书根据模型(4 - 5)~ 模型(4 - 7) 计算出 2001 ~ 2016 年半年度债务资本使用效率合计值以及收集对应的广义货币供应量 M_2 共 32 条样本数据；对于模型(4 - 2) 和模型（4 - 3），本书选用 2007 ~ 2016 年 10 年间样本数据，最终得到 9640 条样本数据。模型（4 - 1）~ 模型（4 - 6）变量均通过 ADF单位根检验。

4.4.1　描述性统计分析

表 4 - 6 仅列出了一些关键性变量，全部变量见附表。

表 4 - 6　　　　　　　　变量描述性统计

变量	N	Sd	Mean	Min	Max
DEBT_INVEST	9 640	56. 2671	14. 0535	37. 7932	79. 4124
DEBT_EFF	9 640	0. 0584	0. 0931	- 0. 0712	0. 5027
EFF	9 640	- 2. 56e - 10	0. 0226	- 0. 0891	0. 1218
ROE	9 640	0. 0712	0. 1301	- 0. 6433	0. 4289
CFO	9 640	0. 0478	0. 0800	- 0. 2104	0. 2680
SIZE	9 640	22. 0148	1. 3627	19. 2042	26. 2151

续表

变量	N	Sd	Mean	Min	Max
LEV	9 640	0.4806	0.2124	0.0592	0.9986
REV	9 640	0.6677	0.4718	0.0534	2.5536
MB	9 640	3.9019	3.5558	0.3959	23.9363
YNOVERLOAN	9 640	0.4985	0.5000	0.0000	1.0000
YNOVERLOAN × OVERCASH	9 640	− 0.0050	0.0730	− 0.2096	0.2571
$\ln M_1$	9 640	12.4103	0.3722	11.7443	12.9016
$\ln M_2$	9 640	13.5071	0.4580	12.7531	14.1465
lnGDP	9 640	12.9591	0.3688	12.2988	13.4431
TOBIN_Q	9 640	9.1844	15.7582	2.1867	56.2305
R	9 640	5.8530	0.7839	4.3500	7.4700
CPI	9 640	2.8800	1.9282	− 0.7000	5.9000
M	9 640	4.2013	0.4402	3.6771	5.0376
NPL	9 640	2.4270	2.1528	0.9500	7.0900
lnGDP	9 640	12.9591	0.3688	12.2988	13.4431

4.4.2　货币政策与债务资本使用效率因果关系检验

本书对于模型（4-1）的格兰杰因果检验，结果如表4-7所示。

表4-7　　　　　　　　　　格兰杰因果检验结果

单位根检验					
变量	差分阶数	滞后	Z统计量	P值	是否平稳
DEBT_EFF	1	0	− 5.451	0.0000	平稳
$\ln M_2$	1	0	− 5.569	0.0000	平稳
协整检验					
Maximum rank	parms	LL	eigenvalue	Trace statistic	Critical value
0	6	58.1745	0.0000	25.0631	15.41
1	9	67.6951	0.4699	6.0219	3.76

续表

格兰杰因果检验（一阶差分后）				
Equation	Excluded	卡方统计量	滞后阶数	P 值
DEBT_EFF	$\ln M_2$	7.5009	2	0.024
$\ln M_2$	DEBT_EFF	13.167	2	0.001

从结果可以看出，变量在一阶差分后达到平稳，协整检验结果统计量大于置信值，表示两者具有长期均衡关系；在 5% 的置信水平下，一阶差分后二者滞后两期互为格兰杰因果关系，一阶差分后的债务资本使用效率与广义货币供应量表示其变化率，说明广义货币供应量的自然对数过去两期（一年）的变化对未来两期（一年）的公司债务资本使用效率的变化具有一定影响，反之债务资本使用效率的变化也同样在滞后一年能对货币政策执行效果产生影响。

4.4.3　货币政策对债务资本使用效率影响实证分析

模型（4-2）回归结果如表 4-8 所示。

表 4-8　　　　　　　　　　模型（2）回归结果

变量	宽松型经济周期			紧缩型经济周期		
	(2.1)	(2.2)	(2.3)	(2.4)	(2.5)	(2.6)
	DEBT_EFF	EFF	ΔDEBTLEV	DEBT_EFF	EFF	ΔDEBTLEV
Constant	526.4*** (605.34)	14.9*** (19.33)	-60.8*** (-54.94)	-301.0*** (-26.35)	-45.0*** (-36.32)	-15.4*** (-89.20)
$\ln M_2$	-33.244*** (-449.50)	-1.508*** (-22.98)	5.215*** (55.43)	31.14*** (31.66)	3.926*** (37.99)	1.223*** (84.94)
ROE	-0.067** (-2.11)	-0.055** (-1.97)	0.238*** (5.93)	0.009 (0.39)	0.193*** (3.44)	-0.014* (-1.75)
CFO	-0.133*** (-2.68)	-0.114*** (-2.58)	0.322*** (5.09)	0.858 (1.22)	-0.324*** (-3.15)	0.026* (1.79)

续表

变量	宽松型经济周期			紧缩型经济周期		
	(2.1)	(2.2)	(2.3)	(2.4)	(2.5)	(2.6)
	DEBT_EFF	EFF	ΔDEBTLEV	DEBT_EFF	EFF	ΔDEBTLEV
SIZE	0.0502 *** (5.35)	0.044 *** (5.38)	−0.034 *** (−2.85)	−0.104 (−0.99)	−0.0503 *** (−3.44)	0.005 ** (2.40)
LISTAGE	0.669 *** (67.88)	0.592 *** (67.65)	−0.673 *** (−53.71)	−16.936 *** (−89.72)	−0.369 *** (−20.89)	0.0102 *** (4.19)
LEV	−0.085 ** (−1.97)	−0.078 ** (−2.02)	−0.013 (−0.24)	0.038 (0.18)	0.339 *** (4.54)	−0.039 *** (−3.71)
REV	0.044 *** (2.57)	0.035 ** (2.32)	−0.210 *** (−9.61)	−0.970 *** (−4.29)	0.168 *** (5.26)	−0.022 *** (−5.00)
MB	−0.0038 ** (−2.21)	−0.002 (−1.49)	0.052 *** (23.57)	0.002 (1.01)	−0.013 *** (−6.27)	0.002 *** (7.82)
YNOVERLOAN	0.0275 ** (2.03)	0.024 ** (2.02)	−0.028 (−1.64)	0.210 (−1.24)	−0.063 ** (−2.42)	0.005 (1.46)
YNOVERLOAN × OVERCASH	−0.057 (−0.65)	−0.051 (−0.65)	0.049 (0.43)	2.144 * (1.66)	−0.243 (−1.40)	0.032 (1.31)
Industry and Quarter Dummy	Yes	Yes	Yes	Yes	Yes	Yes
Observations	4 820	4 820	4 820	4 820	4 820	4 820
R − squared	0.959	0.650	0.775	0.947	0.411	0.873

注：表中数据为各变量回归系数，括号内数字表示 t 值，其中 *** 表示 $p<0.01$ ，** $p<0.05$ ，* $p<0.1$ 。

回归结果显示，解释变量在1%置信水平下均通过显著性水平检验，表明在货币政策执行效果与企业债务资本使用效率二者之间存在着一定联系：根据回归结果（2.1）和（2.4）可以看出，在扩张型经济周期，货币政策执行效果与债务资本使用非效率呈现显著的负相关关系，即我国执行宽松货币政策会促进公司债务资本使用效率；而在紧缩型经济周期，货币政策执行效果与债务资本使用非效率呈现显著的正相关关系，说明我国执行紧缩型货币政策会约束公司债务融资，导致投资不足，从而抑制其债务资本的使用效率，由此可证明假设 4 - 2。表示投资支出与投资机会的 REV 在宽松型货币政策时期与债务资本使用非效率正相关，在货币政策紧缩时期与债务资本使用非效率负相关，说明在经济环境相对宽松时期，市场投资机会增多，企业债务投资资本也增加，企业杠杆率升高，但却更多地表现为投资过度，从而使得债务资金的非效率使用；相反地，在货币政策紧缩时期，投资机会减少的情况下企业债务融资成本增加，从而促使债务资本使用效率，实证结果与陈艳（2013）观点一致。但是对比回归结果（2.4）和（2.5），REV 与债务资本使用非效率呈负相关的同时，与债务资本投资非效率呈正相关，说明在紧缩型经济周期中，投资机会减少会促进债务资本使用效率，却使投资效率降低。这可以归咎于企业债务融资成本过高，企业在债务资本使用方面会趋于谨慎，而同时期却由于投资不足而导致投资效率低下。同时也说明了我国企业为什么愿意高杠杆融资且过度投资的原因，在宽松型经济周期，利率降低，拥有大量投资机会的经济环境下，企业的趋利性迫使他们抓住机遇，大量投资资金使企业假设投资会带来高回报，因此他们愿意接受高额息差成本换取大量债务资本用来投资。

根据表 4 - 8 中回归结果（2.2）与（2.5），债务资本投资非效率与货币政策的相关关系正负方向与债务资本使用效率一致，说明在扩张型经济周期同样会促进债务资本的投资效率，反之则抑制；LEV 代表企业债务资本比例，在经济周期较宽松时，债务比例越高，越促进企业投资效率，说明债务对企业过度投资行为有一定的约束作用，而相较于货币政策紧缩时期，债务比例与企业投资非效率正相关，该约束作用力度减缓，使企业更多地表现为投资不足。这与黄乾富等（2009）的研究相比有了进一步拓展和延伸。另外表示企业是否超额负债的虚拟变量 YNOVERLOAN 在扩张型经济周期中与债务资本投资效率呈正相关关系，反之为负相关，表明在企业债务资本使用低效率伴随着超额负债的出现，而相反地，在紧缩型经济周期企业债务资本减少对债务资本投资效率有一定的抑制作用。净资产收益率 ROE 在扩张型经济周期中与债务资本投资非效率在 5% 置信水平下呈负相关，而在紧缩型经济周期中相反，说明在宽松型的货币政策下净资产收益率与债务资本投资效率成正比，表明债务资本的有效投资；而在紧缩型经济周期，企业由于融资约束、投资机会减少使债务资本积压、息差成本过高等因素影响其债务资本投资效率导致投资不足，进而表现为净资产收益率下降。

ΔDEBTLEV 表示企业债务资本存量的变化率，结果如表 4 – 8 中 (2.3) 与（2.6）所示，无论在何种经济周期，ΔDEBTLE 与货币政策都保持着正相关关系，且在扩张型经济周期中其系数相对较大，说明在此经济环境下投资机会增多，债务资本周转速度加快，有利于企业经营和发展；对应的企业现金流 CFO 与债务资本存量变化率保持正相关关系，但在扩张型经济周期中其系数比在紧缩型经济周期相对较大，说明企业获得更多的债务资本存量的同时现金流也会相应增加，即在货币政策宽松时期，我国企业存在获得大量债务资本融资的同时持有大量现金的现状。国家实行扩张性货币政策，目的是带动经济增长，我国企业更多地表现为通过贷款融资来进行投资，促进资金流动，使得我国经济水平伴随着企业的高杠杆率增长。

4.5　稳健性检验

本章运用 OVERLOAN 超额负债水平来替代 OVERCASH 超额现金持有水平，进行稳健性检验。相关结果如表 4 – 9 和表 4 – 10 所示。

表 4 – 9　　　　　　　　　格兰杰因果检验结果

单位根检验					
变量	差分阶数	滞后	Z 统计量	P 值	是否平稳
DEBT_EFF	1	0	−9.311	0.0000	平稳
lnM_2	1	0	−5.875	0.0000	平稳

续表

协整检验					
Maximum rank	parms	LL	eigenvalue	Trace statistic	Critical value
0	6	31. 8676	0	41. 3713	15. 41
1	9	50. 9929	0. 7206	3. 1207	3. 76

格兰杰因果检验（一阶差分后）				
Equation	Excluded	卡方统计量	滞后阶数	P 值
DEBT_EFF	$\ln M_2$	5. 7305	2	0. 057
$\ln M_2$	DEBT_EFF	20. 404	2	0. 000

单位根检验结果表示变量在一阶差分后达到平稳，且协整检验结果显示原数据存在协整关系；在 10% 置信水平下，二者滞后两期互为格兰杰因果关系，与本书研究结果相同。

表 4 – 10　　　　　　　　相关模型回归结果

变量	（2）		（3）	
	宽松型经济周期	紧缩型经济周期	变量名称	$\ln M_2$
	DEBT_EFF	DEBT_EFF		
Constant	55. 431 *** (133. 94)	– 862. 330 *** (–20. 59)	Constant	15. 125 *** (1304. 15)
$\ln M_2$	– 4. 532 *** (–131. 32)	83. 268 *** (24. 01)	DEBT_EFF	– 0. 394 *** (–68. 31)
ROE	0. 041 *** (2. 97)	– 1. 121 (–0. 76)	TOBIN_Q	– 0. 0095 *** (–105. 26)
CFO	– 0. 134 *** (–6. 30)	– 2. 765 (–1. 03)	R	– 0. 1603 *** (–86. 89)
SIZE	0. 004 (0. 96)	0. 248 (0. 66)	CPI	0. 0049 *** (4. 43)
LISTAGE	– 0. 003 (–0. 50)	– 0. 779 (–1. 15)	M	– 0. 0001 (–0. 06)

续表

变量	(2)		(3)	
	宽松型经济周期	紧缩型经济周期	变量名称	lnM$_2$
	DEBT_EFF	DEBT_EFF		
LEV	− 0.0004 (− 0.02)	3.256** (2.19)	NPL	− 0.123*** (− 254.34)
REV	0.017** (2.28)	3.004*** (3.61)	YNOVERCASH	− 0.259*** (− 81.81)
MB	0.003*** (3.70)	0.291*** (− 5.49)		
YNOVERCASH	− 0.022*** (− 4.28)	− 0.883* (− 1.64)		
YNOVERCASH × OVERLOAN	0.041*** (8.84)	0.066 (0.18)		
Industry and Quarter Dummy	Yes	Yes		
Observations	4 820	4 820	Observations	9 640
R-squared	0.960	0.696	R-squared	0.976

注: 1. 括号内数值为 T 值; 2. ***、**、*分别表示在 1%、5%、10% 的水平上显著。

实证结果显示, 稳健性检验结果与本书的研究结果一致, 说明本书研究结果具有较好的稳定性。

4.6　本章小结

目前国内外学者多从微观企业投资效率角度考虑与宏观货币政策之间的关系, 少有深入到债务资本使用效率。本书借鉴理查森投资效率模型、奥普勒等最优现金持有量模型和过度负债模型度量债务资本使用效率, 利用基于 2001 ~ 2016 年面板数据对货币政策与公司债务资本使用效率进行格兰杰检验和影响因素实证回归, 获得了如下结论。(1) 货币政策与债务资本使用效率互为因果关系。(2) 在不同的经济周期, 货币政策对债务资本使用效率的影响存在差异。在宽松型经济周期, 货币政策与债务资本使用非效率显著负相关, 说明货币政策会促进公司的债务资本使用效率, 从而刺激经济增长；在紧缩型经济周期，货币政策与债务资本使用非效率显著正相关，说明公司债务融资在经济紧缩时期会受到一定程度的约束，导致投资不足抑制债务资本使用效率。（3）总体来看，货币政策对公司债务资本使用非效率的影响呈负相关关系，存在明显的滞后性。在经济相对增长的大环境下，融资约束会得到一定程度的缓解，促进企业债务资本使用效率，提高投资效率。研究结论对于进一步研究我国货币政策与投资效率提供了一个新的视角，同时对我国货币政策制定与公司债务资本使用提供了新的理论依据。

第 5 章

资本使用效率与货币政策的交互影响

5.1 研究背景

公司投资效率与货币政策的影响机理非常复杂，是公司财务和宏观经济的重点研究领域。现有文献涵盖资本结构、融资约束和债务期限水平等领域，宏观货币政策通过信贷等传导机制影响企业投融资行为，影响资产价格。CPI 和 PPI 等犹如宏观经济运行的"体温计"，传递着经济的"冷"或"热"，为调整货币政策提供数据依据。货币政策调整的影响因素众多，除汇率波动等外部输入性因素外，现有文献多从宏观指标进行研究，包括物价、股票、债权市场等方面。资产价格作为经济实体运行的关键信息，是各微观实体整体投资行为的体现，因此投资效率作为重要指标对货币政策调整具有显著影响（战明华和胡剑锋，2008）。法玛和米勒（Fama and Miller）认为，公司投资资本包括债务资本和股权资本，由于债务资本和权益资本在成本、可获取性、利益诉求和对公司经营监管等方面的差异，公司管理层对债务资本和权益资本使用偏好会存在显著不同。因此公司债务资本投资效率与权益资本投资效率会存在显著差异，对公司经营行为带来显著影响，但却很少有文献开展有关债务资本使用效率方面的研究。在我国，微观实体与宏观杠杆居高不下[①]、公司现金持有水平

---

① 中国工商银行前行长杨凯生在 2014 年夏季达沃斯论坛上表示，中国总债务资本结构不合理，企业负债率非常高，从宏观上看中国经济增长对银行贷款的依赖是过度的，中国企业从银行的融资也是过度的，中国应该下决心去杠杆，降低企业资产负债比例。

持续攀升①、投资效率屡创新低、产能过剩严重②、货币存量日益庞大③、公司现金银行存贷款息差一直居世界前列④。这些现象为我们勾勒出这样一个场景：整体上而言，我国企业一边过度负债，一边承担较高息差损失将过量现金存入银行；一边过度投资，一边产能过剩，投资效率大幅下降；同时货币存量规模日益增加，问题如下：第一，我国公司为什么愿意高杠杆融资支付高息差同时持有大量现金？第二，我国公司为什么利用过度负债并过度投资，导致产能过剩？第三，债务资本使用效率低下，投资效率拆分为债务资本投资效率和权益资本投资效率分别进行研究是否存在理论上的价值和意义？第四，基于货币政策传导路径⑤，债务资本使用效率对货币供应是否存在影响，可否作为货币政策调整的参考指标？

　　本章的贡献在于：首先，本章提出了研究债务资本使用效率与货币政策的理论框架，对债务资本使用效率影响货币政策调整的理论逻辑进行了演绎分析；其次，借鉴理查森投资效率模型对投资效率进行拆分获得债务资本投资效率，结合奥普勒等最优现金持有水平模型评价息差损失，对债务资本使用效率进行了度量；最后，对货币政策调整影响模型进行了拓展，将债务资本使用效率与货币周期、超额现金持有、超额负债、区域因素及交互项分别纳入模型，系统研究债务资本使用效率对货币政策的影响和影响机理。通过格兰杰和实证回归检验，本章获得如下有价值的发现：第一，债务资本使用效率与货币政策存在格兰杰因果关系；第二，债务资

---

　　①　财政部数据显示，截至 2017 年 6 月末，国有企业负债总额为 941 293.4 亿元，同比增长 11.4%；其中，中央企业负债总额为 498 305 亿元，同比增长 9.2%；杨小平（2014）发现，2005～2012 年中国上市企业现金持有比率从 14.41% 上升至 16.07%，高于国外。

　　②　特伦斯·斯图尔特指出，中国经济在过去 30 年保持高速增长，2001 年之后一半的年份中投资是拉动 GDP 增长的第一推动力，大量投资涌入钢铁、水泥、平板玻璃、化工、纺织、金属、造纸等基本行业，使得这些行业产能快速增加，最终导致过度投资。

　　③　据中国新闻网（http://finance.chinanews.com/fortune/2017/11-13/8375320.shtml）数据显示，截至 2017 年 10 月末，广义货币（M_2）余额为 165.34 万亿元，同比增长 8.8%；狭义货币（M_1）余额为 52.6 万亿元，同比增长 13%；流通中货币（M_0）余额为 6.82 万亿元，同比增长 6.3%。

　　④　中国国际经济交流中心主任徐洪才在第八届中国证券市场年会中表示，中国名义贷款利率为 6%，整个银行的存贷款息差是世界上最高的。

　　⑤　货币政策传导主要通过四种途径：（1）利率传递途径；（2）信用传递途径；（3）非货币资产价格传递途径；（4）汇率传递途径。

本使用效率对货币供应具有显著影响，其中最优货币供应增速对债务资本使用效率敏感性最强，依次是狭义货币供应增速和广义货币增速；第三，进一步研究发现，货币周期在债务资本使用效率对货币供应的影响上存在中介效应，货币供应对政策的敏感性强于市场信息。本书结论有助于解释我国公司高杠杆融资进行过度投资同时货币存量却依然持续快速增长的现象；为制定货币政策调控机制进而优化资源配置提供了新的理论视角。

5.2 理论分析与研究假说

5.2.1 债务资本使用效率与货币供应

货币政策对微观公司的映射通过货币政策传导机制实现，即央行运用货币政策工具，通过银行等信贷渠道增减货币供应影响微观实体决策，最终实现预期政策目标。货币供应通过信贷渠道对实体经济运行产生影响，经济运行质量检验货币供应效果并影响货币政策调整。因此货币政策的实施不仅依赖于宏观调控，也需要关注公司微观层面的实际运营并作出反应。根据加蒂等（Gatti et al.）提出的"代表性厂商"假设，货币供应对公司投资行为具有非常显著的影响。另外，贺妍认为，公司投资效率是反映货币供应有效性的关键指标。吕长江和张海平认为，微观公司投资效率不仅决定未来现金流量水平及风险程度，还构成整个国家宏观经济的微观基础。邓翔也提出，企业作为整个经济体系中的基础单元，债务融资可以对社会闲散资金进行再分配，其资金使用效率的高低不仅影响着企业自身生存和扩大再生产，还直接影响国家层面经济体系的运行效率，说明微观公司货币资金使用效率将直接影响社会资金的配置效率。因此，调整货币政策以引导企业提高债务资本使用效率，能够改善宏观经济层面的资源配置问题，提升经济运行质量。综上分析可以发现：货币政策通过货币供应机制影响微观公司的债务资本使用效率，公司债务资本使用效率反过来影响货币供应政策调整。为此，本章提出如下假设：

假设 5 - 1：公司债务资本使用效率与货币供应相互影响，存在格兰杰因果关系。

货币供应调整受到众多因素影响，除了 CPI、经济运行状况、国际贸易顺差等宏观环境因素外，微观公司投融资行为所反映出的经济冷热状况影响更为直接。而且融资与投资紧密相关，货币政策调整关注金融机构新增贷款十分重要。货币政策本身存在"中性"和"非中性"两种观点，"中性"观点以凯恩斯理论流派为主，认为货币供应与产出没有关系；"非中性"观点认为，货币供应能够影响产出。无论货币政策是否影响产出，维护价格稳定确保经济平稳运行是货币政策的核心目标，货币政策有效性至关重要。菲尔普斯和泰勒（Phelps and Taylor）认为，由于工资等价格存在刚性特征，货币供应变动对经济有持续实质影响。谭旭东认为，我国货币政策的有效性依赖于货币政策的可信性。周小川认为，我国的货币政策长期以控制通胀为主，较好地保持了经济和物价水平的基本稳定。但货币政策实施效果通过 CPI、PPI 指标表现，最终依赖于微观实体的投融资①，以货币供应为核心的信贷传导机制是最重要的货币政策传导机制。裴平和熊鹏通过对我国"积极"货币政策实施效果研究认为，我国货币政策传导过程中有大量货币并没有流入生产、消费等流通环节，而是通过微观企业借贷"渗漏"到高风险股票市场，阻碍了货币政策目标的实现。同时，由于金融加速器原因，"积极"的货币政策引导银行实际放贷速度大于政策预期，企业通过借贷资金更容易过度投资，降低债务资金使用效率和资本配置效率，偏离货币政策预期。与"积极"货币政策相比，"紧缩"政策对微观企业尤其是民营企业的影响会更为复杂，中国广大民营企业在融资方面面临的银行歧视性偏好，存在比国有企业更强的融资约束。民营企业在"紧缩"政策之前的"积极宽松"时期，有强烈的动机储备财务冗余资源充当"缓冲器"。陆正飞等研究发现，企业在货币政策紧缩时期会增加

---

① 凯恩斯认为，通过市场机制的作用，利率的相应变化使资本市场重新恢复均衡状态，利用利率与投资之间的传导关系可以实现货币政策对投资行为的调控作用，同时利率的变动通过资本成本效应导致投资变化，调节货币供应量，最终影响经济。

现金持有量，导致投资不足，存在明显的信息环境不确定性效应。此时，投资处于临时观望和"降温"阶段，民营企业的财务冗余和投资不足与国有企业的过度负债和投资过度为货币政策调整提供了矛盾的虚假的市场表象，并可能做出错误的判断，影响微观实体的债务资本使用效率和宏观货币资金资源配置。因此债务资本使用效率既能反映公司投资过度和投资不足，也能体现财务冗余，相比 CPI 和 PPI 而言，更能体现货币资金的配置效率，可以为调整货币供应提供更为有效的依据。为此本章提出如下假设：

假设 5 - 2：债务资本使用效率与货币供应正相关。

假设 5 - 3：货币供应增速越接近最优货币供应增速，对债务资本使用效率的敏感性越强，即最优货币供应增速敏感性 > 狭义货币供应增速 > 广义货币供应增速。

5.2.2　货币政策、债务资本使用效率与货币供应

货币政策也就是金融政策，是指中国人民银行为实现其特定的经济目标而采用的各种控制和调节货币供应量和信用量的方针、政策和措施的总称。实质是国家对货币的供应"紧""松"或"适度"等不同政策趋向①。在我国，货币政策主要通过信贷渠道进行传导。国有大型商业银行在我国金融传导机制中拥有垄断性地位，存在信贷配给的可能性极大，对货币政策有效性具有关键性影响。事实上，近年来，中国金融系统内控能力显著增强，基于风险考虑，银行信贷资源选择性偏好越来越明显。国有企事业单位存在国家"托底"的隐性担保，以及同为"国有"概念的认同，国有企事业单位一直是银行信贷资源优先匹配对象。尤其在货币紧缩时期，信贷资源更倾向于流向国有企业。微观的公司债务资本使用效率受经济环境、投资机会、微观公司管理能力、政府政策等多方面因素影响。在不考虑投资机会和管理能力的情况下，微观公司管理层在投融资、经营风险和

---

① 侯丽艳. 经济法概论（M）. 北京：中国政法大学出版社，2012.

运营效率方面权衡决策时，控制风险避免公司破产清算是首要确保目标。大多数企业尤其是民营企业会在货币宽松时期回补①和筹谋货币紧缩时期的资金需求，在紧缩时期谨慎投资以预防现金流风险。因此从微观投融资行为对货币供应有效性影响的机理而言，宽松时期将会放大货币供应增速，紧缩时期则会利用宽松时期获得的财务冗余谨慎维持预定投资项目。理性预期学派认为，任何货币政策都是可预测的，在货币政策实施初期，微观实体已经有所准备，导致有效性低于政策预期。可见，债务资本使用效率对货币周期具有"预备"的敏感性，加之我国国有大型商业银行对政策的敏感性可能会强于市场信息，就会出现"宽松"时期更"宽"和"紧缩"时期更"紧"的货币供应现象。因此，货币政策周期在债务资本使用效率对货币供应影响中可能存在中介效应。综上所述，本章提出如下假设：

假设 5 - 4：货币政策在债务资本使用效率影响货币供应过程中存在中介效应。

5.3　研究设计

5.3.1　样本和数据来源

本书所有变量样本数据来自国泰安 CSMAR 数据库、中国人民银行官方网站与国家统计局。并剔除：（1）金融类上市公司；（2）ST 类上市公司；（3）实际控制人缺失的上市公司，最后得到 964 家上市公司样本数据，并对主要连续变量进行了上下 1% 的 Winsorize 处理，数据分析采用 Stata14 进行处理。对于模型（5 - 4），本章根据模型（5 - 2）和模型（5 - 3）计算出 2001 ~ 2016 年半年度债务资本使用效率合计值和对应的货币供应量共 32 条样本数据；对于模型（5 - 5）和模型（5 - 6）本书选用 2007 ~ 2016 年 10 年间样本数据，所有模型回归均通过 ADF 单位根检验。

---

① 回补之前货币紧缩时期企业资金短缺所引起的非银行体系负债。

5.3.2 变量设计

1. 债务资本使用效率

债务资本使用效率是本书关键研究变量，目前尚无相关文献对此进行研究和度量，本书在理查森投资效率模型基础上，结合债务资本实际使用情况测算，详细如下：

（1）债务资本投资效率的度量。本书以理查森投资效率模型度量债务资本投资效率，该模型用残差来衡量公司非效率投资的程度，弥补了上述两个模型无法量化非效率投资程度的不足。理查森利用会计方法，构建了一个最优投资模型。若模型残差大于0，则表示公司投资过度；若残差小于0，则表示公司投资不足，其数值则表示投资过度或投资不足的程度，当残差等于0时表示公司投资效率最优。但此方法没有考虑代理冲突和信息不对称等其他因素对投资行为的影响，且模型中引入上年度新增投资依据不足时，所以检验样本如果整体上存在投资过度或投资不足时，采用该模型会存在系统性误差等问题。

本书运用理查森模型模型（5−1）进行修正获得模型（5−2），将其残差值作为债务资本投资非效率的替代变量。

$$INVEST_t = \varphi_0 + \alpha_1 INVEST_{t-1} + \alpha_3 TOBI\, N_{Q_{t-1}} + \alpha_4 LEV_{t-1} + \alpha_5 CASH_{t-1} +$$

$$\alpha_6 SIZE + \alpha_7 LISTAGE_{t-1} + \alpha_8 ROA_{t-1} + INDUSTRY + YEAR + \varepsilon \qquad (5-1)$$

$$DEBT\_INVEST_t = \beta_0 + \beta_1 INVEST_{t-1} + \beta_2 TOBI\, N_{Q_{t-1}} + \beta_3 LEV_{t-1} +$$

$$\beta_4 CASH_{t-1} + \beta_5 SIZE + \beta_6 LISTAGE_{t-1} + \beta_7 ROA_{t-1} + INDUSTRY + YEAR + \varepsilon$$

$$(5-2)$$

式（5−2）中，$DEBT\_INVEST_t$是公司新增投资和公司负债率分别乘以投资后的乘积。如下：

$$DEBT\_INVEST = LEV \times INVEST$$

通过回归得到债务资本投资效率。

（2）超额现金持有水平的度量。为了衡量公司超额持有现金的效率损失，本章借鉴奥普勒等（1999）最优现金持有模型，如模型 5−3 所示，利用样本数据回归获得残差即为公司超额现金持有水平，并将其界定为超额现金持有效率损失。

$$CASH_t = \gamma_0 + \gamma_1 CAP_t + \gamma_2 NWC_t + \gamma_3 TOBIN\_Q_t + \gamma_4 DEBT_t + \gamma_5 DFL_t +$$
$$\gamma_6 DIVID_t + \gamma_7 SIZE_t + \varepsilon \qquad (5-3)$$

回归得出的残差ε_t即为公司超额现金持有水平（OC）。

（3）债务资本使用效率的度量。通过理查森模型回归获得债务资本投资效率，EFF >0 表示公司债务资本投资过度，小于 0 为债务资本投资不足。当 EFF >0 且 OC >0，说明公司一方面投资过度，另一方面存在超额现金造成息差损失，此时公司债务资本使用效率取二者之和；当 EFF >0 且 OC <0，说明当存在现金流风险情况下，公司依然利用债务资本进行过度投资，此时债务资本使用效率集中表现在投资过度上，取值为 EFF。反之，公司债务资本投资不足时，出现超额现金，说明公司存在"自己有钱也不投"的现象，降低了债务资本使用效率，此时债务资本使用效率为两者之差。当公司投资不足且现金持有低于最优水平时，说明管理层由于股权融资或融资约束等原因无法筹集足够资金进一步投资，此时债务资本使用效率集中在投资不足上，取值为 EFF。详细计算如表 5 -1 所示。

表 5 -1　　　　　　　　　　　债务资本使用效率度量

序号	债务资本投资效率 EFF	超额持有现金 OC	取值
1	>0	>0	+
2	>0	<0	EFF
3	<0	>0	−
4	<0	<0	EFF

2. 货币政策变量

参考陆正飞、杨德明的方法，本章分别用 M_1 和 M_2 作为货币供应增量的替代变量。考虑到我国货币供应增长速度比 GDP 增长速度要快，根据货币供应学派观点，货币供应应该与 GDP 保持一致，为此本章将 GDP 作为最优货币供应增量的替代变量。

5.3.3 模型设计

对于假设 5-1，本章研究债务资本使用效率与货币政策两者之间的关系，利用格兰杰因果检验，验证二者之间是否存在格兰杰因果关系。格兰杰因果检验模型如模型 5-4 所示。

$$MONETARY_t = \sum_{i=1}^{n} \theta_i DEBTEFF_{k,t-i} + \sum_{j=1}^{m} \varphi_j MONETARY_{t-j} + \upsilon_{1t}$$

$$DEBTEFF_{k,t} = \sum_{j=1}^{m} \varphi_j MONETARY_{t-j} + \sum_{i=1}^{n} \theta_i DEBTEFF_{k,t-i} + \upsilon_{2t}$$

$$(5-4)$$

对于假设 5-2 和假设 5-4，本章借鉴邓雄、蒋中其模型，将货币供应（MONETARY）作为被解释变量，以滞后一期的债务资本使用非效率（DEBTEFF）作为解释变量。其中企业相关变量滞后一期，模型（5-5）如下：

$$MONETARY_t = \delta_0 + \delta_1 DEBTEFF_{t-1} + \theta f(c) + \varepsilon \qquad (5-5)$$

对于假设 5-3，本章将交互项加入模型（5-5），获得模型（5-6）如下所示。

$$MONETARY_t = \delta_0 + \delta_1 DEBTEFF_{t-1} + \delta_2 EC \times DEBTEFF_{t-1} + \delta_3 EC +$$
$$\theta f(c) + \varepsilon \qquad (5-6)$$

其中 f（c）表示控制变量。

综上所述，结合各模型，本章的解释变量、被解释变量、控制变量和交叉项如表 5-2 所示。

表 5-2   变量定义

变量名	变量定义
M_1	狭义货币供应量增量自然对数
M_2	广义货币供应增量自然对数

变量名	变量定义
GDP	国内生产总值增量自然对数
DEBTEFF	债务资本投资非效率与超额持有现金效率损失计算的增量
TOBIN_Q	公司托宾 Q 值
CPI	居民消费价格指数增长率
BLR	一年期银行贷款利率
MM	货币乘数
NPL	商业银行不良贷款率

注：债务资本使用效率的度量方面，本章借鉴理查森的方法进行度量，因此度量数值表现为债务资本使用非效率指标，也即表现为闲置债务资金、过度负债投资或者负债投资不足因素造成的非效率指标。后同。

5.4 实证分析

5.4.1 描述性统计分析

表 5 - 3 呈现了本书主要解释变量和被解释变量的描述性统计结果，考虑检验需要，本章在格兰杰检验时使用了 2001 ~ 2016 年的半年度数据，在计量回归的时候本章使用了 2007 ~ 2016 年的公司年度数据，分别如表5 - 3 所示。从统计结果来看，债务资本使用非效率半年度均值为 44.9297，中位数为 44.9276，略小于均值，总体分布较为均衡，狭义货币供应增量、广义货币供应增量和最优货币供应增量均值为 12.0657、13.1428 和 12.2555，广义货币供应增量显著大于最优货币，2007 ~ 2016 年的年度统计值也呈现出了相似的规律，表明我国货币供应整体偏大。债务资本使用非效率（全样本）均值为 0.0463，中位数为 0.0092，平均值和中位数均大于 0，说明我国大多数公司存在债务资本使用过度现象。货币周期和超额现金持有均值为 0.4545 和 0.4715，中位数均为 0，说明我国货币周期多数时期为紧缩，接近一半企业超额持有现金。

表 5 – 3   样本和主要变量的描述性统计

A：2001~2016 年债务资本使用效率的半年度总和数据（用于格兰杰检验）					
变量	样本量	平均数	标准差	中位数	最小值	最大值
DEBTEFF	32	44.9297	0.1639	44.9276	44.6707	45.2447
M_1	32	12.0657	0.6607	12.0961	10.9185	13.0951
M_2	32	13.1428	0.7482	11.3715	11.9037	14.2538
GDP	32	12.2555	0.7575	10.1742	10.8346	13.5200

B：2006~2016 年的年度数据（用于回归检验）					
变量	样本量	平均数	标准差	中位数	最小值	最大值
DEBTEFF	10 604	0.0463	0.0857	0.0092	– 0.0360	0.3854
OC	10 604	0.4715	0.4992	0.0000	0.0000	1.0000
TOBIN_Q	10 604	2.5113	1.8379	1.9185	0.8751	11.7217
M_1	11	10.7399	0.3170	10.8346	10.2063	11.1317
M_2	11	13.5750	0.5103	13.6549	12.7531	14.2538
GDP	11	13.0101	0.4057	13.1007	12.2988	13.5200
EC	11	0.4545	0.4980	0.0000	0.0000	1.0000

5.4.2 格兰杰检验分析

本章利用格兰杰因果检验方法对债务资本使用非效率与货币政策之间的因果关系进行实证检验，结果如表 5 – 4 所示。从第 Ⅰ 到 Ⅲ 行可以看出，债务资本使用非效率与狭义货币供应增量、广义货币供应增量和最优货币供应增量均在 0 阶差分平稳，置信水平均在 1% 以上，协整检验也都大于临界值，说明两个变量在走势上表现非常平稳。在格兰杰检验部分，本章可以发现，债务资本使用非效率与狭义货币供应增量、广义货币供应增量和最优货币供应增量呈现出显著的因果关系，置信水平均在 5% 以上，说明我国债务资本使用效率与货币政策存在格兰杰因果关系，检验了假设 5 – 1。

表 5 - 4 　　　　　　　　　　　　格兰杰检测结果统计

变量		单位根检验			协整检验		格兰杰因果检验		
		Z 值	差分阶数	P 值	迹统计量	临界值	卡方值	滞后期	P 值
I	DEBTEFF	- 5.451	0	0.0004 ***	31.3577	19.96	7.83333	2	0.020 **
	M₁	- 4.244	0	0.0006 ***			20.86	2	0.000 ***
II	DEBTEFF	- 5.451	0	0.0004 ***	25.0631	19.96	7.5009	2	0.024 **
	M₂	- 5.569	0	0.0000 ***			13.167	2	0.001 ***
III	DEBTEFF	- 5.451	0	0.0004 ***	101.7621	19.96	7.35	1	0.007 ***
	GDP	- 4.231	0	0.0006 ***			40.65	2	0.000 ***

注：① *** 、 ** 、 * 分别表示在 1% 、5% 、10% 的水平上显著；②债务资本使用非效率取值半年度值。

5.4.3　回归结果

1. 债务资本使用非效率与货币政策

为了检验债务资本使用非效率与货币政策之间的影响关系和影响机理，本章在上述格兰杰模型检验基础上，对债务资本使用非效率与货币政策进行了回归检验。

本章借鉴邓雄、蒋中其研究模型，将货币供应量（MONETARY）作为被解释变量，替代变量包括狭义货币供应增量（M_1）、广义货币供应增量（M_2）和最优货币供应量（GDP）。为了避免内生性问题和货币政策调整的滞后性，本章对债务资本使用效率（DEBTEFF）采用了滞后一期的方法。同时为了避免伪回归，本章做了 ADF 单位根检验，效果平稳，说明回归可信。回归结果如表 5 - 5 所示，第（1）~第（3）列分别表示狭义货币供应增量、广义货币供应增量和最优货币供应增量的回归结果，三个回归 R 方值分别为 0.838、0.933 和 0.996，说明方程整体拟合效果非常好。从债务资本使用非效率对货币供应的影响来看，债务资本使用非效率增量与货币供应增量呈现显著性水平为 1% 的负相关关系，表明债务资本使用非效率对货币供应具有显著影响，验证了假设 5 - 2。回归中本章考虑到了货币政策调整的滞后性，因此回归结果揭示了我国货币政策存在对公司债务资本使用非效率的敏感性，调整的方向与理论预期保持一致，对降低债务资本使用非效率和优化市场债务资源配置有促进作用，一定程度上证明我国货币政策调整的有效性。从回归系数绝对值来看，债务资本使用非效率对广义货币供应增量影响系数最小，对最优货币供应增速影响系数最大。说明代表最优货币供应增速（与 GDP 增速保持一致）的货币政策对债务资本使用非效率敏感性最强，而代表货币供应增速最快的货币政策的敏感性最弱，还不足最优货币供应增量敏感系数的一半，表明我国实际货币供应增速代表的货币政策在调节债务资本使用非效率方面有效性不足，而狭义货币供应增速虽然比广义货币供应增速效果好一些，但是也远低于最优货币供应增速，检验了假设 5 - 3。结合表 5 - 3 我国公司债务资本使用非效率均值大于 0 的结果，一定程度上说明了我国的确存在货币超发现象。

表 5 - 5　　　　　　　　债务资本使用非效率与货币政策回归结果

变量	因变量 = MONETARY		
	（1）	（2）	（3）
Intercept	0. 4321 ***	0. 2945 ***	12. 3001 ***
	（436. 19）	（156. 76）	（6145. 70）
DEBTEFF	- 0. 0008 ***	- 0. 0006 ***	- 0. 0016 ***
	（ - 123. 94）	（ - 58. 36）	（ - 143. 17）
BLR	- 0. 0330 ***	- 0. 0177 ***	0. 0484 ***
	（ - 890. 93）	（ - 265. 38）	（706. 91）
TOBIN_Q	- 0. 0020 ***	0. 0036 ***	0. 0037 ***
	（ - 20. 86）	（23. 16）	（21. 35）
CPI	0. 0043 ***	- 0. 0072 ***	- 0. 0064 ***
	（168. 84）	（ - 171. 82）	（ - 141. 40）
MM	- 0. 00003	0. 00006	0. 00006
	（ - 0. 14）	（0. 15）	（0. 13）
NPL	0. 0059 ***	0. 0061 ***	- 0. 0172 ***
	（78. 08）	（48. 32）	（ - 125. 85）

续表

变量	因变量 = MONETARY		
	（1）	（2）	（3）
N	10 604	10 604	10 604
调整 R^2	0.933	0.838	0.996

注：①债务资本使用效率取值为年度值；② ＊ 、 ＊＊ 、 ＊＊＊ 分别表示 1% 、 5% 和 10% 水平；③ （1） 、 （2） 和 （3） 分别表示狭义货币供应，广义货币供应和最优货币供应；后同。

2. 货币周期的中介效应检验

为了检验假设 5 – 4 ，本章将货币周期分为宽松型周期和紧缩性周期，将宽松型货币周期定为 1 ，紧缩型货币周期定为 0 ，利用模型 5 – 6 进行检验。

关于货币周期，本章计算方法为： MP = M_2 增长率 – GDP 增长率 – CPI 增长率，然后将该指标与中位数进行比较，判断货币政策是否宽松，如果该指标大于中位数，表示货币政策宽松；反之，则表示货币政策紧缩。根据我国 2007 ~ 2016 年统计年鉴， MP 测算如表 5 – 6 所示。

表 5 – 6　　　　　　　　　　经济周期判别

年份	M_2 增速	GDP 增速	CPI 增速	MP	经济周期
2007	16.74	14.2	4.8	– 2.26	紧缩
2008	17.82	9.7	5.9	2.22	紧缩
2009	27.68	9.4	– 0.7	18.98	宽松
2010	19.73	10.6	3.3	5.83	宽松
2011	13.61	9.5	5.4	– 1.29	紧缩
2012	13.84	7.9	2.6	3.34	宽松
2013	13.59	7.8	2.6	3.19	宽松
2014	12.16	7.3	2.0	2.86	紧缩

续表

年份	M$_2$ 增速	GDP 增速	CPI 增速	MP	经济周期
2015	13.30	6.9	1.4	5.00	宽松
2016	11.35	6.7	2.0	2.65	紧缩

通过表 5-6 可以发现，货币政策宽松的年份为：2009 年、2010 年、2012 年、2013 年、2015 年；货币政策紧缩年份为 2007 年、2008 年、2011 年、2014 年、2016 年，结果与陆正飞和杨德明的计算结果一致。

加入货币周期变量后的回归结果如表 5-7 所示，从结果可以发现，债务资本使用非效率与货币政策依然呈现显著负相关，结果与表 5-5 一致。但是在敏感度上，狭义货币供应增量、广义货币供应增量和最优货币供应增量对债务资本使用非效率的敏感性都显著下降。广义货币供应增量的货币政策回归系数绝对值依然最小，最优货币供应增量的回归系数从表 5-6 中的 0.0016（绝对值）下降到 0.0008，虽然依然保持绝对值最大，但是与狭义货币供应增量和广义货币供应增量代表的敏感系数差距显著减少，表明货币周期在货币供应对债务资本使用非效率的调节过程中可能存在极强的中介替代效应。

从货币周期及交互项的回归结果来看，货币周期与狭义货币供应增量、广义货币供应增量和最优货币供应增量所代表的货币政策显著正相关。说明货币宽松有利于增加货币供应，同时一定程度上说明货币宽松对刺激 GDP 代表的经济增长有一定正向作用（由于本章采用 GDP 作为最优货币供应增量替代变量，因此回归结果表明宽松货币具有刺激经济增长的经济意义）。交互项（货币周期与债务资本使用非效率）与货币供应显著负相关，狭义货币供应增量、广义货币供应增量和最优货币供应增量的回归系数分别为 -0.0123、-0.0229 和 -0.0176，表明在货币宽松时期，债务资本使用非效率越大，下一年度货币供应增速越慢，证明货币周期在货币供应对债务资本使用非效率的调节过程中存在中介替代效应，验证了假设 5-4。从系数绝对值来看，广义货币供应增量的回归系数最大，表明在宽松货币周期，广义货币供应增量对债务资本使用非效率最为敏感，其中的原因可能是广义货币供应增量要远大于狭义货币供应和最优货币供应，对债务资本使用非效率的调节作用最为直接，因此，减少货币供应增量，引导微观企业加强债务资金使用效率，有利于提高货币政策实施效果。考虑到货币周期与货币政策紧密相关，结合上述分析结论，可以发现，周期性政策因素对中国货币供应的调整影响大于市场本身，货币供应对政策敏感性更为显著。

表 5 - 7　　考虑货币周期因素的债务资本使用非效率与货币政策回归结果

变量	因变量 ＝ MONETARY		
	（1）	（2）	（3）
Intercept	10. 8200 ***	13. 9029 ***	13. 0560 ***
	(2185. 26)	(1880. 74)	(2027. 73)
DEBTEFF	- 0. 0007 ***	- 0. 0003 ***	- 0. 0008 ***
	(- 24. 96)	(- 5. 56)	(- 20. 73)
EC × DEBTEFF	- 0. 0123 ***	- 0. 0229 ***	- 0. 0176 ***
	(- 250. 41)	(- 299. 28)	(- 266. 12)
EC	0. 6388 ***	1. 1345 ***	0. 9043 ***
	(258. 25)	(292. 92)	(270. 34)
BLR	0. 0781 ***	0. 0969 ***	0. 1129 ***
	(277. 44)	(221. 76)	(297. 74)
TOBIN_Q	0. 0163 ***	- 0. 0252 ***	0. 0219 ***
	(25. 02)	(24. 68)	(24. 87)
CPI	- 0. 0522 ***	- 0. 0990 ***	- 0. 0746 ***
	(- 217. 93)	(- 261. 39)	(- 228. 54)
MM	0. 0003	0. 0004	0. 0004
	(0. 31)	(0. 30)	(0. 31)
NPL	- 0. 1245 ***	- 0. 2001 ***	- 0. 1553 ***
	(- 754. 94)	(- 778. 54)	(- 698. 29)
N	10 604	10 604	10 604
调整 R^2	0. 9551	0. 9599	0. 9499

注：1. 括号内数值为 T 值；2. *** 、 ** 、 * 分别表示在 1% 、 5% 、 10% 的水平上显著。

3. 进一步检验

债务资本使用效率与现金持有策略、行业因素和微观筹融资行为紧密相关。为了考察公司债务资本使用非效率对货币供应是否受到上述因素影响，本章分别进行了进一步检验。超额持有现金影响方面，本章在模型（5-5）的基础上，引入超额现金持有虚拟变量，将其与债务资本使用非效率的交互项同时放入模型（5-5），获得回归模型（5-7），如式（5-7）所示。

$$MONETARY_t = \delta_0 + \delta_1 DEBTEFF_{t-1} + \delta_2 OC \times DEBTEFF_{t-1} + \delta_3 OC +$$

$$\theta f（c）+\varepsilon \tag{5-7}$$

超额持有现金的虚拟变量度量方法是利用奥普勒等最优现金持有模型回归残差度量超额现金持有水平，当残差大于 0，则视为过度负债，并取值为 1，否则取值为 0。放入模型后回归结果如表 5-8 所示。

表 5-8　　考虑超额现金持有因素的债务资本使用非效率与货币政策回归结果

变量	因变量 = MONETARY		
	(1)	(2)	(3)
Intercept	0.2808 *** (108.90)	0.4383 *** (242.42)	0.1084 *** (35.29)
DEBTEFF	-0.0007 *** (-13.72)	-0.0007 *** (-20.20)	-0.0025 *** (-39.40)
DEBTEFF × OC	0.0004 *** (14.49)	-0.0002 *** (-8.96)	0.0005 *** (14.65)
OC	-0.0210 *** (-13.21)	0.0088 *** (7.93)	-0.0252 *** (-13.34)
BLR	-0.0173 *** (-63.45)	-0.0332 *** (-173.36)	0.0143 *** (44.11)
TOBIN_Q	0.0036 *** (25.79)	-0.0020 *** (-20.74)	0.0048 *** (29.03)
CPI	-0.0070 *** (-51.26)	0.0042 *** (44.18)	-0.0147 *** (-90.85)
MM	0.0001 (0.36)	-0.00007 (-0.24)	0.0002 (0.37)
NPL	0.0077 *** (14.73)	0.0052 *** (14.18)	0.0219 *** (35.07)
N	10 604	10 604	10 604
调整 R^2	0.8405	0.9334	0.7897

注：1. 括号内数值为 T 值；2. *** 、** 、* 分别表示在 1%、5%、10% 的水平上显著。

从回归结果来看，债务资本使用非效率对货币供应增量的影响与表 5 - 5一致，超额现金持虚拟变量与债务资本使用非效率对狭义货币供应增量和最优货币供应增量显著正相关，与广义货币供应增量显著负相关，表明超额持有现金的公司债务资本使用非效率越高，狭义货币供应和最优货币供应增量越大，广义货币供应增量越小，其原因可能是超额持有现金引起的债务资本使用非效率表现为企业对未来货币紧缩政策的预防性动机，存在货币政策的理性预期。因而数据关系表现为狭义货币供应增量和最优货币供应增量正相关；而由于我国广义货币供应增量规模大于最优货币供应增量，因此，对广义货币供应增量依然体现为负相关。

债务资本使用非效率对货币政策的影响还可能受过度负债、区域因素、公司性质等因素的影响。本章分别进行了进一步验证，检验结果均证实债务资本使用非效率与货币供应增量呈现显著负相关关系，结果一致。但是行业债务资本使用非效率与货币供应回归不显著，说明我国货币政策对行业债务资本使用效率不具有敏感性。

4. 稳健性检验

考虑到公司可能利用过度负债获得资金，过度投资同时还超额持有现金，造成公司债务资金的三重效率损失。为此，本章对债务资本使用效率的度量进一步进行扩展，将过度负债包含其中进行稳健性检验。其中过度负债指标借鉴邓路等最优资本结构模型回归残差获得。包含过度负债的债务资本使用非效率变量如表 5 - 9所示。

表 5 - 9　　　　　　　考虑过度负债的债务资本使用效率度量

序号	债务资本使用非效率 DEBTEFF	OVERLOAN	取值
1	>0	>0	+
2	>0	<0	EFF
3	<0	>0	EFF
4	<0	<0	+

将新的债务资本使用效率带入模型（5 - 5）和模型（5 - 6）分别进行

回归检验，结果如表5-10和表5-11所示。从结果可以发现，债务资本使用非效率与货币供应增量的格兰杰检验中，除债务资本使用非效率与狭义货币供应增量格兰杰不显著外，其他都显著，与表5-4结果一致。而表5-11的回归结果中，债务资本使用非效率与狭义货币供应增量、广义货币供应增量和最优货币供应增量的结果均保持一致。说明结果具有较强的稳健性。总体而言，考虑包括过度负债因素在内的债务资本使用非效率度量方法回归结果具有较强的稳健性。

表5-10　　考虑过度负债的债务资本使用非效率与货币政策的格兰杰检验结果

变量		单位根检验			格兰杰因果检验		
		Z 值	差分阶数	P 值	卡方值	滞后期	P 值
I	DEBT_EFF	-4.330	1	0.0004***	7.1312	2	0.028**
	M_1	-4.244	1	0.0006***	2.4421	2	0.295
II	DEBT_EFF	-4.330	1	0.0004***	5.7305	2	0.057*
	M_2	-5.569	1	0.0000***	20.4040	2	0.000***
III	DEBT_EFF	-4.330	1	0.0004***	18.6240	2	0.000***
	GDP	-4.231	0	0.0006***	10.4180	2	0.000***

注：1. 括号内数值为 T 值；2. ***、**、* 分别表示在1%、5%、10%的水平上显著。

表5-11　　考虑过度负债的债务资本使用非效率与货币政策回归结果

变量	因变量 = MONETARY		
	(1)	(2)	(3)
Intercept	0.0965*** (17.26)	0.4646*** (153.92)	0.5130*** (183.17)
DEBTEFF	-0.0018*** (-70.97)	-0.0006*** (-140.32)	-0.0024*** (-89.20)
BLR	-0.0068*** (-94.70)	0.0074*** (92.74)	-0.0218*** (-352.46)
TOBIN_Q	0.0032*** (8.63)	0.0031*** (18.24)	0.0022*** (18.57)
CPI	-0.0023*** (-34.05)	-0.0107*** (-312.62)	-0.0059*** (-248.17)

续表

变量	因变量 = MONETARY		
	（1）	（2）	（3）
MM	0.0002	0.00006	0.000045
	（0.15）	（0.16）	（0.14）
NPL	0.0146 ***	0.0049 ***	0.0048 ***
	（113.20）	（54.49）	（62.47）
N	10 604	10 604	10 604
调整 R^2	0.2734	0.8050	0.8624

注：1. 括号内数值为 T 值；2. ***、**、* 分别表示在 1%、5%、10% 的水平上显著。

5.5　本章小结

本书借鉴理查森投资效率模型、奥普勒等最优现金持有量模型对债务资本使用效率进行度量，基于我国上市公司样本数据对货币政策与公司债务资本使用效率进行格兰杰因果检验和影响关系实证回归。结论如下：

（1）货币政策与债务资本使用效率存在格兰杰因果关系，债务资本使用效率对于货币政策调整具有统计意义上的关联效应，对货币政策制定具有参考价值；以现金持有量过多为表现形式的债务资本非效率，说明了在经济系统中的企业投资能力恶化，货币供应量再多也无法拉动投资，宏观经济有可能产生"流动性陷阱"。此时传统的货币工具是失效的，需要通过量化宽松货币政策改善居民和企业的通胀预期，从而促进投资和消费。因此债务资本使用效率可以作为实施量化宽松政策的参考指标，央行可以根据企业债务资本使用效率调整量化宽松的政策力度。此外，企业投资是 CPI 的先行指标，央行可以根据企业债务资本使用效率更灵活地制定货币政策。

（2）货币供应增量对债务资本使用非效率具有显著的负向敏感性，最优货币供应量敏感度最强，广义货币供应增量敏感度最低，相对于债务资本使用非效率而言，我国广义货币供应政策存在货币超发问题；进一步的回归分析证实了债务资本的使用效率对于货币供应量有显著影响，这种影响是企业投资对通过 CPI 传导到货币政策的，企业投资的非效率现象很有可能导致货币供应量超过名义 GDP。

（3）货币周期在债务资本使用非效率对货币供应的影响中存在较强的中介效应，货币供应对政策的敏感性要显著强于市场信息，有效说明了中国货币供应存在"宽松"更"宽"和"紧缩"更"紧"的现象。

（4）超额持有现金与债务资本使用效率交互项对货币政策的影响说明微观企业对货币政策具有较强的理性预判，从微观视角检验了理性预期学派的观点。

研究结论的理论意义在于率先提出了债务资本使用效率概念和理论框架，构建了度量模型，将微观债务资本使用效率影响引入宏观货币政策调整模型，对模型进行了拓展。同时，结论还有助于揭示我国微观企业为何过度负债同时高额持有现金之谜，对我国货币政策的制定和研究提供了新的视角和理论依据。

第6章

债务契约与债务资本使用效率

6.1 研究背景

根据修正 MM 模型，财务杠杆降低了公司税后的资金成本，影响公司价值。而后最优资本结构决策及其影响因素受到学术界高度关注（肖作平、李焰、秦义虎和张肖飞，2011；刘慧龙、王成方和吴联生，2014；窦炜、马莉莉和刘星，2016）。由于货币政策、融资约束、公司资本使用效率和内部治理水平等内外原因，各公司的资本结构决策会存在显著不同。融资约束较强的企业比如民营企业对货币政策的敏感性会比较明显，在宽松货币政策期间会提高负债进以增加现金储备，存在预防性动机，这类企业的债务融资存在"蓄水池"效应。近年我国实体经济高杠杆与金融信贷高杠杆并举，实体领域体现为过度负债，企业部门的杠杆率高达 165%[①]。我国公司现金持有水平基本保持在 0.15 以上，高于国外水平（杨小平，2014）；广义货币（M_2）截至 2018 年 5 月份已经突破 170 万亿元；作为衡量经济货币化程度指标的 M_2/GDP，2017 年超过 2，远高于世界平均水平；而根据理查森投资效率模型显示，我国企业非效率投资长期处于较高水平。从中可以发现：（1）我国存在货币超发现象；（2）公司债务水平较高；（3）公司超额持有现金；（4）公司投资效率不高。这些现象说明我国

[①] 周小川在《守住不发生系统性金融风险的底线》一文中指出：高杠杆是宏观金融脆弱性的总根源，在实体部门体现为过度负债，在金融领域体现为信用过快扩张。健全金融监管体系，守住不发生系统性金融风险的底线，避免经济出现"明斯基时刻"。

银行注入企业的大量信贷资金被低效使用或无效沉淀，公司普遍存在债务融资"蓄水池"现象，债务资本使用效率低下。因此公司债务资本使用效率亟待揭示，而现有文献少有对此进行研究，围绕债务契约对债务资本使用效率影响的成果更少。为此，本书拟开展债务契约对债务资本使用效率影响的理论研究和实证检验。

本书借鉴理查森（2006）模型从公司投资效率分割债务资本投资效率，结合超额现金持有水平和超额负债测算债务资本使用效率，然后分别从债务成本、债务期限水平和债务总规模三个债务契约维度考察对债务资本使用效率的影响。试图解决如下几个问题：第一，抛开投资效率单独考察债务资本使用效率是否具有理论意义？第二，我国公司债务资本使用效率现状如何？第三，债务契约对债务资本使用效率的影响如何？

本章的研究贡献在于：首先，借鉴理查森（2006）投资效率度量模型和最优现金持有模型，构建债务资本使用效率度量模型，构建了债务资本使用效率的研究框架；其次，分别从债务使用成本、债务期限水平和债务总规模三个债务契约维度考察对债务资本使用效率的影响因素，发现债务规模与公司债务"蓄水池"效应显著相关，与债务成本则降低了债务资本使用效率，为解释我国投资效率总体偏低提供了一个新的视角，说明单独考察债务资本使用效率存在显著的理论意义。进一步研究发现，融资环境和企业性质对债务资本使用效率存在调节作用。结论为提升我国债务资本使用效率、优化债务资源配置提供了一定的经验证据，对投资效率和资本结构相关理论具有一定的增量贡献。本书的后续安排为：理论分析与假设、研究设计、实证分析和研究结论。

6.2　理论分析与假设提出

6.2.1　债务使用成本与债务资本使用效率

债务资本作为企业外部融资的重要来源，相对于内部融资而言，具有按时还本付息的典型特征。资本成本与非效率投资显著正相关（邹汪平和李思颖，2016），过高的企业债务资本成本容易导致投资不足，对债务资本使用效率产生抑制作用。

此外，企业性质会对债务使用成本与债务资本使用效率产生一定的影响。徐明东和陈学彬（2012）发现，私营和外资企业的投资对资本成本较为敏感，而国有企业投资对资本成本不敏感。王贞洁（2016）认为，"信贷歧视"降低了我国信贷资源的配置效率，相比民营企业，国有企业债务融资成本和融资约束更低，债务使用成本对国有企业投资约束的影响较小，容易引发投资过度，造成非效率投资行为的增加。民营企业承担着较高债务融资成本，导致投资不足现象，降低了债务资本使用效率。此外，融资约束环境也会影响债务使用成本与债务资本使用效率。武文杰（2016）研究发现，融资约束与企业资本成本呈显著正相关关系。而杨晓玮（2015）研究表明，企业面临的融资约束程度不同，其资本成本水平有所区别，强融资约束的企业，其资本成本高于弱融资约束的企业。相对于较为宽松的融资约束环境而言，当企业处于较强的融资约束背景下，资本显得愈加稀缺，外部融资所付出的代价会更加高昂，企业使用债务资本所承担的使用成本也会更高，对投资过度产生一定的抑制作用。相反，融资约束环境较为宽松，资本泛滥，债务使用成本上升所产生的抑制作用减弱，导致投资过度，降低债务资本使用效率。据此，提出如下假设：

假设 6 - 1：债务资本成本与债务资本使用效率显著负相关，债务资本成本越高，越容易导致企业投资不足。

假设 6 - 1 - 1：强融资约束背景下债务资本成本对使用效率的负面效应比弱融资约束更大。

假设 6 - 1 - 2：民营企业债务资本成本对使用效率的负面影响比国有企业更大。

6.2.2　债务期限水平与债务资本使用效率

债务期限水平是债务契约的重要构成因素，债务期限的长短对债务资本使用效率会产生重要影响。萨卡尔（Sarkar，1999）以英国企业数据为研究样本，研究发现债务期限与投资负相关。詹森（1976）认为，当企业拥有较多的自由现金流时，管理者易产生过度投资，而短期债务融资有利于削减公司的自由现金流，并通过破产的可能性，增加管理者的经营激励。此外，哈特和摩尔（1995）的研究表明，短期债务和长期债务在公司资本投资效率中发挥着不同的约束作用，短期债务的约束主要体现在现金流的支配权上，而长期债务则能约束公司的过度负债行为。国内学者黄乾富和沈红波（2009）研究发现，长期债务由于期限长、比例小，因而对企业过度投资行为的制衡作用较弱，缩短债务期限能对企业的过度投资行为产生遏制。而杨继伟（2016）研究表明，短期负债与投资效率正相关，长期负债与投资效率负相关。此外，张亦春、李晚春和彭江（2015）使用我国上市公司面板数据研究了紧缩货币政策下债权治理对企业投资效率的影响。研究发现，短期债权的治理作用显著，而长期债权不明显。长期债权由于还款期长，会一定程度上影响企业安排其投资计划，易于出现放贷初期企业过度投资、而临界还款时投资不足的局面。而短期债权灵活性高，会给企业带来流动性压力并增加再融资难度，可有效监控借款人的投资行为（Lai，2011）。

此外，融资约束也会对债务期限水平与债务资本使用效率产生影响。随着融资约束环境的增强，会压缩企业债务期限选择的空间，影响债务资本使用效率。当企业面临较强的融资约束时，短期债务比例将得以增加，此时若企业依然存在较大的长期债务，对投资不足起着更为明显的缓解作用。据此，提出如下假设：

假设6-2-1：债务期限水平与债务资本使用效率正相关，债务期限越长越容易缓解企业投资不足。

假设6-2-2：强融资约束背景下债务期限水平对债务资本使用效率的正向影响比弱融资约束更明显。

6.2.3 债务总规模与债务资本使用效率

债务总规模会对债务资本使用效率产生不同程度影响。公司债务总规模越大，产生的债务风险也就越大，杠杆效应也在不断散失，从而一定程度上影响债务资本使用效果。龚光明和刘宇（2009）的研究表明，负债水平会影响企业的投资行为，资产负债率越高的企业，越容易发生过度投资行为。而邓路、刘瑞琪和江萍（2017）实证研究结果表明，公司超额银行借款与过度投资存在显著正相关关系。企业筹集和运用债务资本的成本费用会抑制债务资本使用效率的提高，导致非效率投资行为的出现，影响投资效率。

融资约束环境对债务总规模与债务资本使用效率的关系存在影响。马红和王元月（2017）研究发现，融资约束程度差别是造成债务杠杆与企业投资效率之间呈现非线性关系的重要原因。随着融资约束环境不断变弱，会刺激债务总规模的扩张，导致投资过度，非效率投资进一步显现，降低债务资本使用效率。根据以上理论分析，提出如下研究假设：

假设 6 - 3 - 1：债务总规模与债务资本使用效率显著负相关，债务总规模越大，越容易导致企业投资过度。

假设 6 - 3 - 2：弱融资约束背景下债务总规模对债务资本使用效率的负面影响比强融资约束更明显。

6.2.4　融资约束、债务特征与债务资本使用效率

首先，融资约束环境也会影响债务使用成本与债务资本使用效率。武文杰（2016）研究发现，融资约束与企业资本成本呈显著正相关关系。而杨晓玮（2015）研究表明，企业面临的融资约束程度不同，其资本成本水平有所区别，强融资约束的企业，其资本成本高于弱融资约束的企业。相对于较为宽松的融资约束环境而言，当企业处于较强的融资约束背景下，资本显得愈加稀缺，外部融资所付出的代价会愈加高昂，企业使用债务资本所承担的使用成本也会更高，从而会进一步限制企业适度投资活动，加重投资不足行为的出现。相反，融资约束环境较为宽松，资本泛滥，债务使用成本的上升所产生的负面抑制作用减弱，可有效缓解投资不足行为。

其次，融资约束环境也会对债务期限水平与债务资本使用效率产生影

响。随着融资约束环境的增强，会进一步压缩企业债务期限选择的空间，减少信贷资源结构配置选择，进而影响企业债务资本使用效率的提高。当企业面临较强的融资管制时，市场流通的现金流变少，外部筹集资本的使用成本上升，进一步筹集债务资本显得较为困难，此时若企业之前存在较大比重的长期借款资源，由于其受现有融资约束环境的影响较小，可以为企业后续项目投资提供较为稳健的现金流，将对投资不足起着较为明显的缓解作用。尤其当融资约束环境越强，长期债务对投资不足的这种缓解作用将显得越明显。王春艳（2018）通过实证分析得出，在强融资约束环境下，债务期限结构对企业投资的影响愈加显著。

最后，融资约束环境也会对债务总规模与债务资本使用效率产生影响。基于代理理论，当企业债务总规模较大时，由于外在融资约束环境较为宽松，债权人对资本使用者的实际约束作用有限，代理人可能基于自己的投资欲望，不断加大项目投资满足自己利益需要，即使项目净现值小于0，从而引发投资过度。马红和王元月（2017）研究发现，融资约束不均衡是引起债务杠杆与投资效率产生非线性关系的重要因素。随着融资约束环境不断变弱，会进一步刺激债务总规模的扩张，从而更易导致投资过度，非效率投资进一步显现。据此，提出以下研究假设：

假设6-4：融资约束对债务资本使用效率具有显著影响。

假设6-4-1：相对于弱融资约束而言，强融资约束背景下债务使用成本越高，投资不足愈加严重，债务资本使用效率越低。

假设6-4-2：相对于弱融资约束而言，强融资约束背景下债务期限越长，对投资不足的缓解作用愈加明显。

假设6-4-3：相对于强融资约束而言，弱融资约束背景下债务总规模越大，投资过度越严重，债务资本使用效率越低。

6.2.5 公司性质、债务特征与债务资本使用效率

基于我国国情的现实背景，国有企业与非国有企业往往在信贷优惠、融资渠道、信用担保等方面存在一定的差异性，因此探讨企业性质对于债

务资本基本属性与债务资本使用效率的相对调节作用具有一定的现实意义。

首先，通过对现有文献进行梳理，发现不同企业性质下债务使用成本对债务资本使用效率的作用机制也会有所差异。徐明东和陈学彬（2012）将国有企业样本与非国有企业样本进行对比，研究得出，相对于国有企业而言，私营企业等非国有企业对于资本使用成本的敏感性更强。随着资本成本的上升，非国有企业投资活动受限程度更大，这可能是因为国有企业由于具备体制和规模上的优势，往往享有较多潜在的信贷优惠政策和丰富的信贷资源选择空间，使其实际投资活动受债务使用成本影响较小。国内学者王贞洁（2016）在研究中也给予了较为合理的解释，其认为我国不同企业性质之间存在较为严重的"信贷歧视"，国有企业由于体制上的天然屏障，在债务使用成本和融资约束等方面都享有优势。而非国有企业在高融资成本、高融资约束环境双重压力作用下最终会迫使其不断压缩技术创新投资规模，导致投资不足行为出现，从而也会降低社会总体信贷资源的配置效率。

其次，不同企业性质也会对债务期限与债务资本使用效率产生异质性影响。王鲁平、林桓和康华（2014）研究了企业性质对于债务期限的影响。研究发现，相比国有企业，非国有企业短期借款更多，而国有企业则能获得更多的长期借款。李胜楠（2011）研究得出，在国家控制的上市企业中，长期贷款对资本使用者投资过度行为起着推波助澜的作用。国有企业在获取更多长期信贷资金后，由于在资本使用上缺乏系统规划加上外部监督有限，往往更易引发投资过度。并且在债务期限长度相同的条件下，银行等金融机构对于非国有企业长期贷款在监管力度和担保措施等方面也会远远强于国有企业。

最后，现有研究表明，国有企业债务总规模越大，越易引发投资非效率。当前我国部分国有企业存在高杠杆和低效益并举的困境，这可能是因为国有企业在高举债的同时对信贷资本实际配置效率有限。基于信息不对称理论，从另一个角度而言，当非国有企业存在高杠杆的情况下，由于存在逆向选择问题，债权人有权要求其提供更多担保以及支付更高贷款利息，而这对于企业进一步信贷扩张形成较好抑制，有利于避免非效率行为的出现。综上所述，本书提出如下研究假设：

假设6-5：企业所有权性质对公司债务资本使用效率具有显著硬性。

假设6-5-1：相对于国有企业而言，非国有企业债务使用成本越高，债务资本使用效率越低。

假设6-5-2：相对于非国有企业而言，国有企业债务期限越长，债务资本使用效率越低。

假设6-5-3：相对于非国有企业而言，国有企业债务总规模越高，债务资本使用效率越低。

6.2.6　公司治理对债务资本使用效率的影响

1. 高管腐败与债务资本使用效率

高管腐败是一个主要表现为权力寻租，与企业内部的权力配置紧密相关。皮尔斯（2008）界定企业高管腐败的内涵比较宽泛，他把企业高管以牺牲投资者利益或企业的长期发展为代价谋取私人直接利益的不道德行为均视为企业高管的腐败行为。海瑞克和沃特森（2009）认为企业高管腐败是由企业内部组织结构混乱或权力配置失衡导致的高管滥用权力的现象。雅拉莫和贝利沃（2011）则强调企业高管腐败是由公司治理机制脆弱导致的高管舞弊。赵璨等（2015）和徐细雄（2012）认为企业高管腐败指企业高管利用其手中掌握的权力谋取不正当私利的权力寻租行为。变量度量方面，由于高管腐败具有极强的隐蔽性特征，腐败类型多种多样。Qsuji（2011）根据企业高管的腐败行为是否为相关法律或监管条例所禁止，将企业高管腐败分为合规型和违规型两类。海瑞克和沃特森（2009）将高管腐败分为内部腐败和合谋腐败两类，姚（2002）根据企业高管实施腐败行为的策略，把企业高管腐败分为隐性腐败和显性腐败。徐细雄（2012）借鉴姚（2012）的方法对腐败进行分类，并对不同高管腐败类型的途径进行了归纳。

基于数据的可获取性，同时如果高管存在诸如职务侵占、违规资产操作高风险显性腐败行为，那么他们也更容易在在职消费和吃喝方面进行腐败。为此，本项目拟采用高管在职消费和吃喝费用分别对高管腐败进行度量。

高管腐败与债务资本使用效率。高管腐败会扭曲传统的经典管理理论和契约精神，与权力孪伴相生，成为决定资源配置效率和实际利益分配的重要因素（李胜楠和牛建波，2014；李培林，2015）。科尔曼（2001）发现管理层在权力行使过程中的权力寻租会导致高管攫取控制权私有收益，降低外部投资者利益。黄和斯奈尔（2003）发现高管腐败会导致企业价值下降和投资者利益受损。刘怀珍和欧阳令南（2004）认为我国上市公司存在过度投资行为，并发现经理私人利益是企业过度投资行为产生的决定因素。

近年来，我国债务资本市场规模日益庞大和复杂，然而大量的债务资本资源更多地流向了以大型国有企业为代表的大中型企业，遗憾的是这些企业的投资效率并不高，尤其是国有企业在利用债务资源方面，效率较为低下，造成资源配置没有效率。在这个过程中，债务资本使用效率低下是否会受到高管腐败问题的影响呢？首先就一般企业而言，如果一个公司高管腐败（以本项目的度量方式作为替代变量）越严重，那么公司在投资行为中存在利益输送、违规资产操作等方面的可能性更高，降低公司价值同时，导致公司投资效率低下，进而降低公司债务资本使用效率，因此这样的情况下，高管腐败对公司债务资金使用效率是负面影响；然而现实中，一个公司的高管在职消费以及吃喝等管理费用可能与公司的行业周期以及公司效益有很大关系，为了排除这样的替代解释，本项目组认为：高管腐败越严重，公司负债率越高，那么公司的高管腐败行为就越有可能导致负债资本使用效率低下。

与此同时，债务资本治理效应在国有企业与民营企业中存在较为明显的差异，所有权结构对国企和民企高管经营行为的监管和影响也存在差别，这些因素会导致国有企业内部控制效应更为明显。因此，国有企业高管会因为腐败更有动机筹集并囤积资金或者过度投资，降低投资效率同时降低债务资本使用效率。而民营企业高管腐败动机则会受到更为严格的债权人和所有者监管，过度投资或者囤积资金行为会受到较多的约束。

导致投资非效率行为出现的主要原因在于代理问题和信息不对称，这已经得到现有众多研究的证明（徐佳琪，2017；张震，2015；刘星，刘理，窦炜，2014）。基于代理理论和信息不对称理论，当企业存在较为严重的高管腐败现象时，一方面会使得代理人机会主义和利己主义频发，进一步侵蚀股东和债权人利益，加剧代理危机；另一方面高管腐败增加内外部信息交流成本，使得信息不对称程度愈加严重，增加事前逆向选择问题和事后道德风险问题，而这都会增加信贷筹集成本，严重影响内部资源配置效率。现有文献对于高管腐败与投资效率的研究较为丰富，就腐败对于企业经济效益影响而言大部分认为其结果是负面的，即腐败可能导致资源配置的效应降低（Cai et al.，2011）。正如蔡等（2011）所发现的那样，上市公司吃喝腐败与企业的全要素生产效率显著负相关，并且过度的腐败支出导致企业可支配的现金流减少，从而导致企业投资不足，降低资本使用效率（吴超鹏，吴世农和程静雅，2012）。周美华等（2016）通过实证研究发现，高管腐败与公司价值显著负相关。而申宇和赵静梅（2016）研究发现吃喝腐败与投资效率显著负相关，吃喝费用对于企业资本使用效率具有挤兑效应，这与池国华等（2017）基本相似。据此，提出如下假设：

假设6-6：高管腐败与债务资本使用效率显著负相关。高管腐败越严重，企业债务资本使用效率越低下。

2. 两权分离度与债务资本使用效率

两权分离度即终极控制权与终极现金流权分离程度。基于代理理论和信息不对称理论，随着两权分离度的增加，终极控股股东与债权人之间的代理问题可能愈加严重，而终极所有权层级的加深导致的沟通不畅又会加剧信息失真和失衡，这些不确定性因素使得代理人在进行项目投资决策时，比较容易滋生投机主义和利己主义，从而损害企业整体利益，造成企业资本使用效率偏离最优状态。肖彦和祝笑梅（2015）研究发现两权分离度与投资效率呈负相关关系。并且随着两权分离度扩大，终极控股股东的利益侵占动机显得越强（王文杰，2014）。美国学者 Bebchuk 等已经证明：在保持控制权不变的情况下，终极控制权和终极现金流权的分离幅度越大，控股股东基于最大化私利意图，就会越倾向于作出不利于最优资本使用效率的投资决策，引发资本使用过度等非效率行为。而这在国内学者研究中得到进一步验证，袁雪曼（2013）结合我国上市公司特点，实证检验上市公司两权分离度与投资过度之间的关系，发现两权分离度相差越大，终极控股股东的非效率投资行为越为严重。据此提出如下假设：

假设 6 - 7：两权分离度与债务资本使用效率显著负相关。两权分离度越严重，企业债务资本使用效率越低下。

3. 考虑企业性质的公司治理与债务资本使用效率

高管腐败对企业投资效率的影响受到企业性质的影响，一方面，国有企业的经营目标具有综合性、公益性特征，在追求企业效益的同时又需要承担社会就业、公共服务等社会责任，使得企业绩效与高管努力水平存在一定的脱节，高管薪酬与企业绩效难以直接挂钩，从而会诱发高管以权谋私的腐败动机，进行非效率投资。另一方面，国有企业高管往往带有一定的行政色彩，拥有更多可支配的资源和工具，使得寻租空间更加丰富，从而可能造成债务资本配置处于失效或者低效状态。这在国内相关学者的研究中得到反复证明。池国华，杨金和邢昊（2017）通过实证检验表明相对于非国有企业，国有企业高管腐败对企业投资效率的影响可能更加明显。此外，在不同的企业性质下，由于所受监管环境和融资约束的力度差异，可能会对两权分离度与债务资本使用效率产生不同程度的影响。正如王鲁平，林桓和康华（2014）研究所示，通过与非国有企业进行比较，两权分离度对国有企业债务资本期限长短影响有限。此外，陈信元和黄俊（2007）研究认为，与非国有企业经营方式不同，地方政府会借助金字塔结构等工具通过加大对其绝对或相对控股上市公司的操作力度，容易出现偏离主业，实行多元化投资策略，而这可能会通过大量举债增加资本过度使用的风险，导致非效率投资行为出现。这在随后一些学者中得到验证。

肖彦和祝笑梅（2015）通过对比国有企业与非国有企业样本，研究得出相对于非国有企业来说，国有企业两权分离度与资本非效率使用正相关关系更加突出。这可能是因为与非国有企业相比，国有上市企业两权分离度扩大时，终极控制人可操作的资源和工具更加丰富，从而对企业非效率使用的影响可能显得更加严重。据此，提出如下假设：

假设6-8-1：相对于非国有企业而言，国有企业高管腐败与债务资本使用效率负相关关系更加显著。

假设6-8-2：相对于非国有企业而言，国有企业两权分离度与债务资本使用效率负相关关系更加显著。

6.3 研究设计

6.3.1 变量界定

1. 债务资本使用效率的度量

债务资本使用效率是本书的被解释变量，本书主要借助债务资本非效率使用（包括投资过度与投资不足）进行测度，实现对债务资本使用效率的反向度量。现有文献研究中直接度量债务资本非效率使用的较为少见，而对投资效率的度量则显得较为成熟。从国内外对资本投资效率度量模型的研究来看，主要有两种模型：一种模型以理查森（2006）为代表，通过构建期望投资支出回归模型，并取回归方程残差的绝对值作为非效率投资的替代变量；另一种模型以沃格特（1994）为代表，他在投资模型中加入现金流与投资机会的交叉项，根据交叉项的系数来判断样本企业整体表现为过度投资或者投资不足。相比较而言，前者可以根据残差判断样本企业某年度的非效率投资程度，而后者可以判断样本企业整体的投资效率。鉴于二者存在的差异性和各自的特点，本书将综合借鉴、吸收以上两种模型的优点并结合债务资本本身的特质，构建债务资本非效率使用度量模型，以检验企业债务资本非效率使用状况。主要包括三个步骤：

第一步：债务资本投资效率测量。

在参考理查森度量模型（如模型（6-1）所示）的基础上，采用资产负债率乘以公司新增投资作为因变量（如模型（6-3）所示），得到债务资本非效率使用修正模型（如模型（6-2）所示）。使用样本公司数据对模型（6-2）进行回归分析，得到公司债务资本期望投资水平，然后用债务资本实际投资水平减去期望投资水平从而得到该模型回归残差 ε_2，将其作为债务资本非效率使用的一个参考指标（记为 DEBT_EFF$_1$）。若残差大于 0，则表明公司债务资本使用过度；若残差小于 0，则表明公司债务资本使用不足，并对其取绝对值。回归残差的值越大，说明公司债务资本非效率使用（投资过度或投资不足）的程度越严重。

$$INVEST_t = \alpha_0 + \alpha_1 INVEST_{t-1} + \alpha_2 TOBIN\_Q_{t-1} + \alpha_3 LEV_{t-1} + \alpha_4 CASH_{t-1}$$
$$+ \alpha_5 SIZE + \alpha_6 LISTAGE_{t-1} + \alpha_7 ROA_{t-1} + INDUSTRY + YEAR + \varepsilon_1 \quad (6-1)$$

$$DEBT\_INVEST_t = \alpha_0 + \alpha_1 INVEST_{t-1} + \alpha_2 TOBIN\_Q_{t-1} + \alpha_3 LEV_{t-1}$$
$$+ \alpha_4 CASH_{t-1} + \alpha_5 SIZE + \alpha_6 LISTAGE_{t-1} + \alpha_7 ROA_{t-1} + INDUSTRY + YEAR + \varepsilon_2$$
$$(6-2)$$

式（6-2）中，DEBT_INVEST 是公司资产负债率乘以新增投资后的乘积。列式如下：

$$DEBT\_INVEST = LEV \times INVEST \quad (6-3)$$

上述模型中，考虑到资本支出存在滞后性，所有的解释变量均采用滞后一期的数据。各解释变量代表的含义分别为：INVEST 代表新增投资，等于企业当年总投资减去维持性投资；TOBIN_Q 表示年报和公告披露项目资金来源中负债资金占项目资金的比例；LEV 代表资产负债；CASH 代表经营活动现金流量与总资产之比；LISTAGE 代表公司上市年限；SIZE 代表公司规模，等于总资产取对数；ROA 代表年度公司盈利能力；YEAR 和 INDUSTRY 分别代表年度和行业虚拟变量。

第二步：计算公司超额现金持有水平。

参考沃格特（1994）以及王满、权烨和高婷（2017）的研究思路，本书接下来从超额现金持有水平的角度进一步完善债务资本非效率使用的度量。当公司持有的现金超过最优持有水平时，二者差额的值越大，说明企业现金流越充裕，在公司投资机会有限的情况下，此时债务融资形成的现金流对投资效率并未发挥有效作用，超额现金持有反而使得企业承受较大的息差损失，降低债务资本使用效率。

借鉴奥普勒等（1999）、A. 奥兹坎和 N. 奥兹坎（A. Ozkan and N. Ozkan, 2004）、张亮亮和黄国良（2014）以及杨小平（2014）等对最优现金持有模型的表示方法，本书最优现金持有水平采用线性拟合的方式来进行，拟合的回归方程模型如式（6-4）所示：

$$CASH_{i,t} = \beta_0 + \beta_1 CAP_{i,t} + \beta_2 NWC_{i,t} + \beta_3 GROWTH_{i,t} + \beta_4 DEBT_{i,t} +$$
$$\beta_5 LEVEL_{i,t} + \beta_6 DIVID_{i,t} + \beta_7 SIZE_{i,t} + \sum INDUSTRY + \sum YEAR + \varepsilon_3$$

$$(6-4)$$

式（6-4）中，CASH 表示企业现金持有水平，等于现金及现金等价物/总资产；CAP 表示公司资本支出，等于资本支出/总资产；NWC 表示流动性，等于（流动资产 - 流动负债 - 现金及现金等价物）/总资产；GROWTH 表示投资机会，等于资产市场价值/账面价值表示；DEBT 表示债务结构，等于（短期借款 + 一年内到期的长期借款）/负债总额；LEVEL 表示财务杠杆；DIVID 表示股利支付状况将其设为虚拟变量；SIZE 表示总规模，取总资产的自然对数。此外，模型还对年份和行业变量进行控制。

利用 Stata14 进行回归分析，实证结果显示：方程前 4 个解释变量的显著性水平均达到了 1% 的要求，另外 3 个解释变量的回归显著性水平均达到 5% 的要求，回归结果与杨小平（2014）、奥普勒等（1999）以及 A. 奥兹坎和 N. 奥兹坎（2004）基本一致。从而得出最优现金持有水平度量模型：

$$CASH_{i,t} = 0.5125 - 0.0743 CAP_{i,t} - 0.1804 NWC_{i,t} - 0.0023 GROWTH_{i,t} -$$
$$0.1281 DEBT_{i,t} - 0.0023 LEVEL_{i,t} + 0.0214 DIVID_{i,t} - 0.0139 SIZE_{i,t} \quad (6-5)$$

通过代入观察数据，可以计算出各样本公司最优现金持有水平，再用实际现金持有水平减去最优现金持有水平可以得到回归方程残差 ε_3，即：

超额现金持有，并将其作为债务资本非效率使用的另外一个参考指标（记为 DEBT_EFF₂）。当 ε_3 大于 0，表示现金持有过度；当 ε_3 小于 0，表示现金持有不足。

第三步：构建债务资本非效率使用度量指标。

本书在债务资本非效率投资（DEBT_EFF₁）和超额现金持有（DEBT_EFF₂）两个参考指标的基础上，根据其内在逻辑结构，最终构建债务资本非效率使用度量指标。根据前文相关分析，相对于现金持有不足而言，现金持有过度会对债务资本非效率使用产生更为重要的影响。因而，接下来本书在参考指标 1 的基础上，着重考虑参考指标 2 大于 0 的情况。

为了更加有效地度量债务资本非效率使用，本书采用分类研究的方法，分别考虑 ε_2、ε_3 大于 0 与小于 0 的不同情况。为了便于研究，令 DEBT_EFF 为债务资本非效率使用。根据逻辑分析说明，DEBT_EFF 最终的取值情况如下所示：

首先，当企业同时存在投资过度与过度现金持有的情况下，说明企业利用负债过度投资，同时出现的超额现金会进一步造成息差损失，加剧企业债务资本非效率使用的程度，此时，DEBT_EFF 等于两者相加（如式（6-6）所示）；其次，当企业存在投资过度而现金持有不足的情况，说明企业利用负债过度投资，而且此时现金持有水平低于最优状态，此时，债务资本非效率使用可以集中体现为投资过度，因此，DEBT_EFF 等于 DEBT_EFF₁（如式（6-7）所示）；再次，当企业出现投资不足而现金持有过度的情况，说明债务资本投资不够充分，并且出现的超额现金会进一步加剧债务资本非效率使用程度，因此 DEBT_EFF 等于二者相加（如式（6-8）所示）；最后，当企业投资不足而现金持有低于最优水平，说明管理层可能由于股权融资或者融资约束等原因无法筹集足够资金进一步投资，所以债务资本非效率使用集中体现为投资不足，此时 DEBT_EFF 等于 DEBT_EFF₁，（如式（6-9）所示）。为了便于研究与分析，若结果为负取其绝对值，值越大则债务资本非效率使用程度（投资不足或投资过度）越严重。

$$DEBT\_EFF = DEBT\_EFF_1 + DEBT\_EFF_2 = \varepsilon_2 + \varepsilon_3 \quad (\varepsilon_2 < 0 \text{ 且 } \varepsilon_3 < 0)$$

$$(6-6)$$

$$DEBT\_EFF = DEBT\_EFF_1 = \varepsilon_2 \quad (\varepsilon_2 > 0 \text{ 且 } \varepsilon_3 < 0) \qquad (6-7)$$

$$DEBT\_EFF = DEBT\_EFF_1 + DEBT\_EFF_2 = |\varepsilon_2 + \varepsilon_3| \quad (\varepsilon_2 < 0 \text{ 且 } \varepsilon_3 > 0)$$

$$(6-8)$$

$$DEBT\_EFF = DEBT\_EFF_1 = |\varepsilon_2| \quad (\varepsilon_2 > 0 \text{ 且 } \varepsilon_3 > 0) \qquad (6-9)$$

2. 债务资本影响因素的度量

债务使用成本、债务期限水平与债务总规模是本书三个主要的解释变量。其中 COST 表示债务使用成本，用债务利息支出表示；DM 表示债务期限，参考肖作平和廖理（2008）的研究思路，采用长期银行借款占总债务的比重；DEBT 表示债务总规模，用企业债务总额表示，其他变量如表 6-1 所示。

表 6-1　　　　　　　　　　　　变量汇总

变量类型	变量名称	变量简称	变量定义
被解释变量	债务资本使用效率	DEBT_EFF	取值如式（6-6）、式（6-9）所示
		DEBT_OVER	取值如式（6-6）、式（6-7）所示
		DEBT_UNDER	取值如式（6-8）、式（6-9）所示
解释变量	债务契约	COST	债务成本：债务利息支出
		DM	债务期限：长期银行借款/总债务
		DEBT	债务规模：企业负债总额
控制变量	资产规模	SIZE	总资产的自然对数
	资产负债率	LEV	总负债/总资产
	盈利能力	ROA	净利润/平均资产总额
	经营活动现金流	CASH	经营活动现金流/总资产
	资产有形性	ASSET	固定资产价值/总资产
	年份	YEAR	属于该年为1，否则为0
	行业类别	INDUSTRY	属于该行业为1，否则为0

6.3.2　模型构建

为检验研究假设，本书建立如下回归分析模型。被解释变量 DEBT_EFF、DEBT_OVER 与 DEBT_UNDER 分别表示基于全样本、投资过度样本与投资不足样本做出的多元回归检验方程，根据假设分析，可以预计模型中三个自变量的回归系数基本都显著为正。此外，本书在进一步研究融资约束环境、产权性质对债务资本使用效率及其影响因素的调节作用时，采用的是样本分组回归的方法，因而并未建立新的回归模型。

$$DEBT\_EFF(OVER/UNDER)_t = \alpha_0 + \alpha_1 COST_t + \alpha_2 DM_t + \alpha_3 DEBT_t +$$

$$\alpha_4 CASH + \alpha_5 SIZE + \alpha_6 LEV_t + \alpha_7 ROA_t + \alpha_8 ASSET_t + \sum INDUSTRY +$$

$$\sum YEAR + \varepsilon_4 \tag{6-10}$$

6.4　实证结果及分析

6.4.1　样本选取与数据来源

本书选取了 2010～2016 年深沪 A 股上市公司为研究样本，所有数据均来自 CSMAR 数据库。本章剔除了以下样本：（1）金融类上市公司；（2）被 ST 的上市公司；（3）实际控制人缺失的上市公司；（4）研究期间变量度量数据存在缺失的上市公司。最终得到 4333 条样本数据。为了消除极端值的影响，本书对主要连续变量进行了上下 1% 的 Winsorize 处理。数据分析采用 Stata14 来进行处理。

6.4.2　描述性统计分析

由描述性统计分析可以发现，债务资本非效率使用最大值为 0.5033，最小值为 0.0017，二者相差较大，说明不同样本的债务资本使用效率差异较为明显。债务使用成本最大值为 0.1574，最小值为 0，平均值为 0.0329，说明不同样本公司债务使用成本存在一定的差异性。债务期限最大值为 0.6694，最小值为 0，平均值为 0.1077，可见不同样本公司在债务期限水平上相差较大。此外从表 6 - 2 中还得知，债务总规模的平均值为 0.6532，最大值为 3.8108，最小值为 0.0616，说明我国上市公司整体而言存在过度负债的状况，并且不同样本之间债务规模相差较为显著，这些都值得后期研究进一步探讨。

表 6 - 2　　　　　　　　　　变量描述性统计

变量	N	Mean	Sd	Min	Max
BEBT_EFF	5 782	0.0621	0.0922	0.0017	0.5033
COST	5 782	0.0329	0.0277	0.0000	0.1574
DM	5 782	0.1077	0.1524	0.0000	0.6694
DEBT	5 782	0.6532	0.5411	0.0616	3.8108

6.4.3　回归分析

1. 债务资本相关影响因素对其使用效率的影响

为了有效探究债务资本非效率使用的本质，本书采用分组回归的方法，在全体样本回归的基础上，根据模型（6 - 2）中回归残差 ε_2 的正负号进一步将样本分为债务资本投资过度组与债务资本投资不足组。其回归结果如（2）和（3）列所示。这种分组回归的方法在后面的回归过程中将依然得以运用。

通过观察可以发现，表 6 - 3 中有 3180 个样本债务资本非效率使用表现为投资过度，有 2602 个样本债务资本非效率使用表现为投资不足，投资过度样本高于投资不足样本，说明从整体来看，当前我国上市公司投资过度的现象更为突出。全样本回归结果显示，债务使用成本与其非效率使用回归系数为正且通过了 5% 的显著性水平检验，说明债务使用成本与债务资本使用效率显著负相关。而进一步从（2）和（3）列回归结果对比中可以发现，债务使用成本虽然与投资过度、投资不足的回归系数都为正，但前者并不显著，而后者却通过了 10% 的显著性水平检验。说明随着企业债务使用成本的提高，会进一步抑制企业投资热情，加剧投资不足，从而降低债务资本使用效率。假设 6 - 1 得到验证。

表 6 - 3　　　　　　债务资本相关影响因素与其使用效率回归结果

模型	(1)	(2)	(3)
	DEBT_EFF	DEBT_OVER	DEBT_UNDER
COST	0. 172 **	0. 079	0. 251 *
	(0. 025)	(0. 456)	(0. 068)
DM	0. 002	0. 003	- 0. 087 **
	(0. 859)	(0. 825)	(0. 017)
DEBT	0. 026 ***	0. 049 ***	- 0. 006
	(0. 000)	(0. 000)	(0. 300)
SIZE	- 0. 005 **	- 0. 006 **	- 0. 024 ***
	(0. 018)	(0. 023)	(0. 000)
ASSET	- 0. 145 ***	- 0. 166 ***	- 0. 044 *
	(0. 000)	(0. 000)	(0. 059)
LEV	- 0. 128 ***	- 0. 162 ***	0. 138 *
	(0. 000)	(0. 000)	(0. 077)
CASH	0. 140 ***	0. 208 ***	- 0. 014
	(0. 000)	(0. 000)	(0. 911)
ROA	- 0. 026	- 0. 030	0. 200
	(0. 492)	(0. 647)	(0. 334)
Constant	0. 269 ***	0. 300 ***	0. 528 ***
	(0. 000)	(0. 000)	(0. 000)
Year	Yes	Yes	Yes
Industry	Yes	Yes	Yes
N	5 782	3 180	2 602
Adj_R^2	0. 134	0. 145	0. 138

注：① * 表示 10% 的显著性水平， ** 表示 5% 的显著性水平， *** 表示 1% 的显著性水平；②括号内为经过 Robust 修正后的 p 值。

此外，表 6 - 3 中显示，债务期限水平与债务资本非效率使用、债务资本投资过度回归系数为正但不显著，而与债务资本投资不足回归系数为负且显著性水平达到5%，说明债务期限水平与债务资本投资不足显著负相关，债务期限水平越长，越容易缓解企业投资不足状况，假设6-2-1得以验证。一定程度上说明随着企业债务期限的延长，虽然可能会刺激企业过度投资行为，但也会更好地扭转企业投资不足的局面。这可能是由于相对于短期债务而言，长期债务受定期还本付息的压力较少，且不容易受到债权方严格的监督与制约，因而更容易鼓励企业加大投资，从而使投资不足现象得以明显减少。

最后，表中回归结果还显示债务总规模与债务资本非效率使用、投资过度的回归系数都为正，且都通过了1%的显著性水平检验，而与投资不足的回归系数为负却不显著。说明债务总规模与债务资本使用效率显著负相关，相对于对投资不足的缓解作用而言，债务总规模的扩大更易于刺激企业投资过度。假设6-3-1得以验证。这可能是因为相对于商业信用而言，银行借款由于受到政府干预使其对企业过度投资行为缺少约束作用（黄乾富和沈红波，2009）。

就控制变量而言，公司规模、资产有形性、资产负债率与债务资本使用效率显著正相关，说明随着公司规模、资产有形性、资产负债率提高，有利于改善企业债务资本使用效率。研究结论与花中东、贾子超和徐睿阳等（2017）的研究相似。而经营活动现金流与债务资本使用效率显著负相关，随着企业持有更多的现金流对投资不足具有一定的缓解作用（回归系数为负但不显著），但与此同时更易导致企业投资过度（回归系数为正且通过了5%的显著性水平检验），此时债务资本使用效率低下，集中体现为投资过度。

2. 不同融资约束背景下债务资本相关影响因素对其使用效率的影响

为了进一步研究不同融资约束背景下债务使用成本、债务期限水平、债务总规模对债务资本使用效率的影响，本书将总体样本分为强融资约束组与弱融资约束组。并在此基础上，又进一步划分为全样本组、投资过度组与投资不足组。其中融资约束分组依据借鉴刘胜强、林志军和孙芳城等（2015）以及李井林、刘淑莲和韩雪（2014）等相关研究方法，将利息保障倍数按从小到大的顺序进行排序，并计算出全体样本利息保障倍数的平均值，将高于平均值的样本标注为弱融资约束组，将低于平均值的样本标注为高融资约束组。公司利息保障倍数越高，说明企业财务状况愈加良好，融资约束环境更为宽松，相反则说明企业面临着较大的融资约束压力。

表6-4分别对弱融资约束组与强融资约束组进行回归分析，回归结果显示：首先，债务使用成本在不同融资约束环境下呈现较为显著的差异性。在强融资约束组，债务使用成本与其非效率使用的回归系数为0.158且通过了10%的显著性水平检验，而弱融资约束组相同情况下却并不显著。此外，值得关注的是强融资约束背景下，债务使用成本与投资不足的回归系数为0.293，且显著性水平达到了5%。说明相对于弱融资约束组而言，强融资约束环境下，债务使用成本与其使用效率显著负相关，且这种非效率使用集中体现为投资不足。表明融资约束较强的情况下，随着债务使用成本的提高，融资压力进一步加强，虽会在某种程度上减少企业过度投资行为（回归系数为-0.004），但更会加剧企业投资不足，从而降低企业债务资本使用效率。假设6-1-1得以验证。其次，债务期限水平在弱融资约束组三个模型中回归系数都未通过显著性水平检验，而在强融资约束组中债务期限与投资不足回归系数为-0.027，且通过了5%的显著性水平检验。说明相对于弱融资约束而言，强融资约束环境下，债务期限水平与债务资本投资不足显著负相关。假设6-2-2得以验证。最后，就控制变量而言，通过对比发现，公司规模和资产负债率在不同的融资约束环境下存在较大差异，相对于弱融资约束而言，强融资约束环境下，公司规模、资产负债率与债务资本使用效率显著正相关，且这种正向影响集中表现为对公司投资不足、投资过度的双重抑制作用。

表6-4　　　不同融资约束下债务资本相关影响因素与其使用效率回归结果

模型	弱融资约束组			强融资约束组		
	(1)	(2)	(3)	(4)	(5)	(6)
	DEBT_EFF	DEBT_OVER	DEBT_UNDER	DEBT_EFF	DEBT_OVER	DEBT_UNDER
COST	0.076	0.313	0.024	0.158*	-0.004	0.293**
	(0.553)	(0.270)	(0.541)	(0.08)	(0.972)	(0.013)
DM	-0.003	-0.05	0.06	0.001	0.008	-0.027**
	(0.922)	(0.262)	(0.135)	(0.890)	(0.618)	(0.019)
DEBT	0.015*	0.007	0.002*	0.028***	0.053***	0.008
	(0.094)	(0.754)	(0.099)	(0.000)	(0.000)	(0.278)
SIZE	-0.005	-0.016	-0.011*	-0.006**	-0.006*	-0.004**
	(0.151)	(0.269)	(0.068)	(0.031)	(0.052)	(0.050)
ASSET	-0.104***	-0.158**	-0.032	-0.139***	-0.157***	-0.085***
	(0.000)	(0.002)	(0.387)	(0.000)	(0.000)	(0.000)
LEV	-0.046	-0.021	-0.035	-0.138***	-0.179***	-0.108***
	(0.125)	(0.759)	(0.372)	(0.000)	(0.000)	(0.000)
CASH	0.146***	-0.035	0.080*	0.136***	0.199***	0.094***
	(0.001)	(0.864)	(0.061)	(0.000)	(0.000)	(0.000)
ROA	0.131	-0.006	0.123*	-0.047	-0.033	-0.108**
	(0.142)	(0.878)	(0.060)	(0.254)	(0.679)	(0.013)
Constant	0.213***	0.548*	0.295***	0.277***	0.303***	0.208***
	(0.008)	(0.092)	(0.010)	(0.000)	(0.000)	(0.000)
Year	Yes	Yes	Yes	Yes	Yes	Yes
Industry	Yes	Yes	Yes	Yes	Yes	Yes
N	813	499	314	4 969	2 681	2 288
Adj_R^2	0.128	0.212	0.147	0.145	0.156	0.179

注：① *表示10%的显著性水平，**表示5%的显著性水平，***表示1%的显著性水平；②括号内为经过 Robust 修正后的 p 值。

此外，表6-4的回归结果还显示，相对于弱融资约束而言，强融资约束环境下，债务总规模与债务资本非效率使用、债务资本投资过度的回归系数更加显著（都达到1%），而这与假设6-3-2不符。其背后可能的理论解释为：融资约束对于债务资本投资的制约具有一定的滞后性。随着企业债务规模的不断扩大，会进一步刺激企业过度投资行为，从而不仅使债务资本使用效率降低，还会加剧企业的财务风险，而这又使得银行开始关注企业并不断压缩放贷规模，使企业融资约束力度不断增强。此外，还可能是由于本书在回归过程当中仅仅将融资约束作为分组依据，并没有将其作为自变量纳入考虑，从而使结果产生一定的偏差。为进一步验证假设6-3-2，本书将融资约束单独作为自变量，在考虑相关控制变量的基础上研究融资约束对债务资本非效率使用、投资过度的影响。值得注意的是，由于本书的融资约束由公司利息保障倍数来表示，利息保障倍数值越大，说明公司融资能力越强，融资约束越弱，故其为融资约束的反向指标。实证回归结果如表6-5所示。融资约束与债务资本非效率使用、投资过度显著负相关，且都通过了1%、5%的显著性水平检验。说明融资约束越弱，随着债务总规模的增加，越容易导致企业债务资本投资过度。研究结论与韩志丽、杨淑娥和史浩江（2007）基本相似。此外，表6-5还显示，融资约束滞后一期对当期债务资本非效率使用、投资过度影响依然显著，验证融资约束具有滞后性。

再结合假设6-3-1的检验结果，可以得知相对于强融资约束而言，弱融资约束背景下债务资本总规模与其使用效率显著负相关，且这种负向影响集中体现为投资过度的刺激作用。从而假设6-3-2检验通过。

表 6-5　　　　融资约束与债务资本使用效率回归结果

模型	(1) DEBT_EFF	(2) DEBT_OVER	(3) DEBT_EFF	(4) DEBT_OVER
LIMIT	0.0001 *** (3.008)	0.0001 ** (1.973)		
LIMIT$_{t-1}$			0.0022 ** (2.254)	0.0001 ** (1.986)
SIZE	-0.0237 *** (-3.725)	-0.0264 *** (-2.826)	-0.0206 ** (-2.503)	-0.0124 (-1.566)

续表

模型	(1)	(2)	(3)	(4)
	DEBT_EFF	DEBT_OVER	DEBT_EFF	DEBT_OVER
ASSET	-0.258***	-0.356***	-0.214***	-0.139***
	(-11.31)	(-10.12)	(-8.190)	(-4.405)
LEV	-0.0677***	-0.0846**	-0.0638**	-0.0550**
	(-2.661)	(-2.394)	(-2.251)	(-2.389)
CASH	0.114***	0.197***	0.105***	0.0654***
	(5.864)	(5.646)	(4.938)	(2.918)
ROA	-0.00722	-0.0107	-0.0258	-0.0877**
	(-0.166)	(-0.125)	(-0.551)	(-2.048)
Constant	0.685***	0.782***	0.598***	0.396**
	(5.172)	(3.986)	(3.455)	(2.271)
N	5 782	3 180	5 782	3 180
Adj_R^2	0.121	0.147	0.110	0.066

注：①*表示10%的显著性水平，**表示5%的显著性水平，***表示1%的显著性水平；②括号内为t值。

3. 不同企业性质下债务资本相关影响因素对其使用效率的影响

接下来，为了进一步研究不同企业性质下债务资本相关影响因素对其使用效率的影响，本书将总体样本分为国有企业组与民营企业组。通过分组回归，可以发现不同企业性质下，债务使用成本与投资不足显著正相关（回归系数为正且显著性水平为10%）。但民营企业性质下债务使用成本与其非效率使用在10%的水平下显著正相关，而同等情况下国有企业却并不显著。说明相对于国有企业而言，民营企业债务使用成本与债务资本使用效率显著负相关，且这种负向影响集中体现为对投资不足的抑制作用。假设6-1-2得以验证。这可能是因为相对于国有企业而言，民营企业投资行为对资本使用成本更为敏感（徐明东和陈学彬，2012）。这与王贞洁（2016）的研究结论相同。

此外，表6-6的结果还显示，无论国有企业组还是民营企业组，债务总规模与债务非效率使用、投资过度都显著正相关（回归系数为正，显著性水平为1%），说明企业性质对债务总规模与债务资本使用效率的调节作用并不明显。

表 6 - 6   不同企业性质下债务资本相关影响因素与其使用效率回归结果

模型	国有企业性质			民营企业性质		
	（1）	（2）	（3）	（4）	（5）	（6）
	DEBT_EFF	DEBT_OVER	DEBT_UNDER	DEBT_EFF	DEBT_OVER	DEBT_UNDER
COST	0.126	0.047	0.203*	0.204*	0.128	0.250*
	(0.190)	(0.766)	(0.055)	(0.062)	(0.420)	(0.099)
DM	−0.004	−0.015	−0.015	−0.006	−0.007	0.002
	(0.716)	(0.387)	(0.291)	(0.794)	(0.818)	(0.927)
DEBT	0.021***	0.044***	0.004	0.032***	0.071***	0.014
	(0.000)	(0.000)	(0.525)	(0.003)	(0.001)	(0.138)
SIZE	−0.004*	−0.005**	−0.002	−0.011**	−0.015**	−0.010**
	(0.062)	(0.045)	(0.220)	(0.032)	(0.012)	(0.039)
ASSET	−0.110***	−0.128***	−0.057***	−0.229***	−0.244***	−0.161***
	(0.000)	(0.000)	(0.000)	(0.000)	(0.000)	(0.000)
LEV	−0.082**	−0.120***	−0.056***	−0.169***	−0.197***	−0.150***
	(0.000)	(0.000)	(0.002)	(0.000)	(0.000)	(0.000)
CASH	0.123***	0.184***	0.082***	0.156***	0.218***	0.116***
	(0.000)	(0.000)	(0.000)	(0.000)	(0.000)	(0.000)
ROA	−0.024	−0.016	−0.091*	−0.004	−0.001	−0.059
	(0.609)	(0.851)	(0.099)	(0.949)	(0.993)	(0.209)
Constant	0.200***	0.264***	0.122***	0.404***	0.475***	0.363***
	(0.000)	(0.000)	(0.003)	(0.000)	(0.000)	(0.000)
Year	Yes	Yes	Yes	Yes	Yes	Yes
Industry	Yes	Yes	Yes	Yes	Yes	Yes
N	3 226	1 712	1 514	2 556	1 468	1 088
Adj_R^2	0.110	0.149	0.100	0.165	0.154	0.257

注：①*表示10%的显著性水平，**表示5%的显著性水平，***表示1%的显著性水平；②括号内为经过 Robust 修正后的 p 值。

4. 公司治理对债务资本使用效率的影响

（1）高管腐败对债务资本使用效率的影响。

为了验证假设 6 - 6、假设 6 - 8 - 1，论文对模型（6 - 2）进行回归检验，通过 Hausman 检验发现 P 值 = 0. 000 < 0. 05，因而应该选择固定效应模型进行回归检验。回归结果如表 6 - 7 所示。

表 6 - 7　　　　　　高管腐败与债务资本使用效率回归结果

变量	总样本	国有企业样本	非国有企业样本
	（1）	（2）	（3）
CORRUP	0. 0646 ** (2. 425)	0. 0922 ** (2. 238)	0. 0046 * (1. 945)
SIZE	0. 0060 *** (6. 946)	0. 0077 *** (6. 374)	0. 0039 *** (3. 031)
ASSET	- 0. 0317 *** (- 7. 819)	- 0. 0302 *** (- 5. 092)	- 0. 0340 *** (- 5. 697)
LEV	0. 0025 (0. 696)	0. 0068 (1. 174)	- 0. 0018 (- 0. 381)
CASH	0. 0073 (0. 889)	0. 0300 ** (2. 143)	- 0. 0076 (- 0. 669)
ROA	- 0. 0088 *** (- 5. 433)	- 0. 0045 * (- 1. 946)	- 0. 0122 *** (- 5. 380)
Constant	- 0. 110 *** (- 5. 541)	- 0. 154 *** (- 5. 538)	- 0. 059 ** (- 1. 992)
Year	Yes	Yes	Yes
Industry	Yes	Yes	Yes
N	5 782	3 226	2 556
Adj_R^2	0. 169	0. 186	0. 163
F 值	20. 672	21. 723	19. 651

注：① *** 、 ** 、 * 分别表示显著性水平为 1%、5%、10%；②括号内为 t 值。

表6－4中，就具体分析而言，列（1）是基于总体样本的回归，不难看出，高管腐败（CORRUP）与债务资本非效率使用回归系数为正，且通过了5%的显著性水平检验，说明高管腐败与债务资本使用效率显著负相关，高管腐败越严重，债务资本非效率使用越普遍，债务资本使用效率越低下。假设6－6得以验证。研究结论与池国华、杨金和邢昊（2017）基本相似。进一步为验证企业性质是否存在调节作用，论文采用分样本回归方法，将样本分为国有企业组与非国有企业组，如列（2）、列（3）所示，回归结果表明在国有企业性质下，回归系数为正且在5%水平下显著；而在非国有企业性质下，回归系数为0.0046，且显著性水平仅为10%，说明国有企业样本回归系数及显著性水平高于非国有企业，因此可以得出相对于非国有企业而言，国有企业高管腐败与债务资本使用效率负相关关系更加显著。假设6－8－1得以验证。

（2）两权分离度对债务资本使用效率的影响。

为了验证假设6－7、假设6－8－2，论文对回归模型（6－3）进行实证分析，通过 Hausman 检验发现 P 值＝0.000＜0.05，因而应该选择固定效应模型进行回归检验。实证结果见表6－8。列（1）是基于总体样本的回归，不难看出，两权分离度（SEP）与债务资本非效率使用回归系数为正，且显著性水平达到5%，说明两者呈显著负相关，两权分离度越大，债务资本非效率使用越严重，债务资本使用效率越低下。假设6－7得以验证。进一步为验证企业性质是否存在调节作用，论文采用分样本回归的方法，将样本分为国有企业组与非国有企业组，如列（2）、列（3）所示，回归结果表明在国有企业性质下，回归系数为0.1553，且通过了5%的显著性水平检验；而在非国有企业性质下，回归系数为0.0142，且只通过了10%的显著性水平检验。国有企业样本回归系数及显著性水平高于非国有企业，因此可以得出相对于非国有企业而言，国有企业两权分离度与债务资本使用效率负相关关系更加显著。假设6－8－2得以验证。此外，相关控制变量显著性水平与表6－8基本一致。

表6－8   两权分离度与债务资本使用效率回归结果

变量	总样本	国有企业样本	非国有企业样本
	(1)	(2)	(3)
SEP	0.0725 **	0.1553 **	0.0142 *
	(2.425)	(2.304)	(1.802)
SIZE	0.0065 ***	0.0081 ***	0.0049 ***
	(7.801)	(6.858)	(3.875)
ASSET	− 0.0307 ***	− 0.0297 ***	− 0.0333 ***
	(− 7.604)	(− 5.072)	(− 5.568)
LEV	0.0034	0.0064	0.0006
	(0.976)	(1.102)	(0.137)
CASH	0.0051	0.0293 **	− 0.0108
	(0.625)	(2.097)	(− 0.953)
ROA	− 0.0092 ***	− 0.0046 *	− 0.0129 ***
	(− 5.670)	(− 1.916)	(− 5.712)
Constant	− 0.124 ***	− 0.164 ***	− 0.0828 ***
	(− 6.515)	(− 6.109)	(− 2.907)
Year	Yes	Yes	Yes
Industry	Yes	Yes	Yes
N	5 782	3 226	2 556
Adj_R^2	0.167	0.187	0.161
F 值	18.526	16.483	20.652

注：① *** 、 ** 、 * 分别表示显著性水平为1% 、5% 、10% ；②括号内为 t 值。

6.5　稳健性检验

为进一步验证本书结论的稳健性和可靠性，本书通过改变被解释变量和相关解释变量的度量方法来进行。将债务资本非效率使用的度量直接采用 DEBT_EFF 指标；此外，对于债务期限水平的度量参考肖作平和廖理（2008）的做法，采用长期债务占总债务的比重来进行。实证结果发现，与本章的研究结果基本相符，说明研究结果具有较好的稳定性（如表 6 - 9 所示）。

表 6 - 9　　　　　　　　　　　稳健性检验结果

模型	（1） DEBT_EFF	（2） DEBT_OVER	（3） DEBT_UNDER
COST	0. 032 *	0. 064	0. 024
	（0. 063）	（0. 314）	（0. 229）
DM	0. 018 ***	0. 029 ***	0. 001
	（0. 002）	（0. 005）	（0. 761）
DEBT	0. 023 ***	0. 042 ***	0. 008 ***
	（0. 000）	（0. 000）	（0. 000）
SIZE	- 0. 005 ***	- 0. 007 ***	- 0. 003 ***
	（0. 000）	（0. 000）	（0. 000）
ASSET	0. 014 ***	0. 023 ***	0. 016 ***
	（0. 001）	（0. 003）	（0. 000）
LEV	0. 017 ***	0. 014	0. 012 ***
	（0. 004）	（0. 206）	（0. 000）
CASH	0. 021 **	0. 029 **	0. 008
	（0. 022）	（0. 045）	（0. 250）
ROA	0. 012	0. 040	- 0. 054 ***
	（0. 458）	（0. 149）	（0. 000）
Constant	0. 103 ***	0. 148 ***	0. 067 ***
	（0. 000）	（0. 000）	（0. 000）
Yere	Yes	Yes	Yes
Industry	Yes	Yes	Yes
N	5 782	3 180	2 602
R - squared	0. 120	0. 159	0. 170

注：①＊表示10%的显著性水平，＊＊表示5%的显著性水平，＊＊＊表示1%的显著性水平；②括号内为经过 Robust 修正后的 p 值。

6.6 本章结论

本章基于 2010~2016 年面板数据，通过多元回归分析方法，对债务使用成本、债务期限水平以及债务总规模对债务资本使用效率的影响分别进行实证研究。并在此基础上分别考虑融资约束环境、企业性质对其产生的多重调节作用。回归结果表明：首先，债务使用成本与债务资本使用效率显著负相关，债务使用成本越高，企业投资不足越严重，进一步研究发现：强融资约束环境以及民营企业性质下，这种关系依旧成立；其次，债务期限水平与债务资本投资不足显著负相关，债务期限越长，对企业投资不足缓解作用越明显，并且这种关系在强融资约束下依旧显著；最后，债务总规模与债务资本使用效率显著负相关，债务规模越大，越容易导致企业债务资本投资过度，并且通过进一步研究发现，强融资约束环境下这种关系得以进一步加强。

针对本书的研究结论提出如下建议：首先，只有有效解决中小企业融资成本高、融资难的问题，才能从总体上提高企业债务资本使用效率。这一方面需要金融机构积极实施普惠金融政策，合理分配信贷资金，减少信贷歧视的发生；另一方面政府通过市场调节机制鼓励互联网金融创新，拓宽中小企业融资渠道，有效改善民营企业的融资环境，改善广大中小企业投资动力不足的现状。其次，面对外界融资约束环境恶化，通过合理调节债务期限水平结构，可以有效缓解企业短期资金周转困难、投资信心不足等问题。最后，国家需要坚定实施去杠杆、去产能政策，降低整个社会的杠杆率水平。通过有效规范金融机构的贷款形式，整治国有企业高举债的问题，减少债务资本投资过度与投资不足的极端现象，从而切实提高债务资本使用效率水平。

通过本书的研究，一方面可以为当前我国去杠杆、去产能以及供给侧改革等政策落地实施提供一定的理论依据，另一方面也为企业加强债务资本管理，提高债务资本使用效率提供一定的经验方法。对于优化我国债务资本管理、合理配置信贷资源、控制债务风险具有一定的理论意义和现实意义。

第7章

结论、建议与展望

7.1 结论

7.1.1 网络社会关系对资本使用效率影响的研究结论

本书对陈等（2011）的计量模型进行了拓展，先后将媒体报道和网络社会关系放入模型，对我国公司网络社会关系、媒体报道对资本使用效率的影响进行研究。获得了如下结论：（1）我国媒体报道总数、正面报道和报道倾向对公司投资效率呈现显著负相关关系，对资本使用效率具有负向影响，失去了对资本使用效率的治理作用，国有企业更为明显。（2）社会网络和投资机会分别与媒体报道总数、正面报道、负面报道及报道倾向性的交互项与新增投资呈显著正相关关系，网络社会关系能够帮助中国公司抑制媒体报道对资本使用效率的负向影响，对公司资本使用效率具有显著的治理效应。（3）进一步研究发现，民营企业网络社会关系对资本使用效率正向影响更为明显，具有显著的公司治理效应。（4）网络社会关系广度和深度是公司抑制媒体报道对资本使用效率负向影响的关键因素，是发挥网络社会关系公司治理作用的重要途径。

上述研究结论在理论上有两个方面的重要意义：一是在网络社会关系日益重要的今天，将陈等（2011）的投资效率模型进行了拓展，将投资效率作为资本使用效率的替代考察方式，在此基础上率先研究并检验了我国公司网络社会关系对资本使用效率方面具备的治理作用。二是网络社会关

127

系作为传统媒体的重要补充，能够有效地弥补媒体报道在公司治理机制上的不足，对于完善媒体治理理论和公司外部治理理论具有积极的意义。

在实践方面的价值在于，我国公司媒体治理机制一直都是资本市场广为诟病的领域。本研究结论有助于进一步促进我国公司发展网络社会关系，增强信息透明度，提高公司治理水平和资本使用效率。

7.1.2 货币政策对资本使用效率影响的研究结论

（1）货币政策与债务资本使用效率互为因果关系。债务资本使用效率对于货币政策调整具有统计意义上的关联效应，对货币政策制定具有参考价值；以现金持有量过多为表现形式的债务资本非效率，说明了在经济系统中的企业投资能力恶化，货币供应量再多也无法拉动投资，宏观经济有可能产生"流动性陷阱"。此时传统的货币工具是失效的，需要通过量化宽松货币政策改善居民和企业的通胀预期，从而促进投资和消费。因此债务资本使用效率可以作为实施量化宽松政策的参考指标，央行可以根据企业债务资本使用效率调整量化宽松的政策力度。此外，企业投资是 CPI 的先行指标，央行可以根据企业债务资本使用效率更灵活地制定货币政策。在不同的经济周期，货币政策对债务资本使用效率的影响存在差异。在宽松型经济周期，货币政策与债务资本使用非效率显著负相关，说明货币政策会促进公司的债务资本使用效率，从而刺激经济增长；在紧缩型经济周期，货币政策与债务资本使用非效率显著正相关，说明公司债务融资在经济紧缩时期会受到一定程度的约束，导致投资不足，抑制债务资本使用效率。

（2）货币政策对公司债务资本使用非效率的影响呈负相关关系，存在明显的滞后性。在经济相对增长的大环境下，融资约束会得到一定程度的缓解，促进企业债务资本使用效率，提高投资效率。研究结论对于进一步研究我国货币政策与投资效率提供了一个新的视角，同时对我国货币政策制定与公司债务资本使用提供了新的理论依据。

（3）货币供应增量对债务资本使用非效率具有显著的负向敏感性，最优货币供应量敏感度最强，广义货币供应增量敏感度最弱，相对于债务资本使用非效率而言，我国广义货币供应政策存在货币超发问题。进一步的回归分析证实了债务资本的使用效率对于货币供应量有显著影响，这种影响是企业投资通过 CPI 传导到货币政策的，企业投资的非效率现象很有可能导致货币供应量超过名义 GDP。

（4）货币周期在债务资本使用非效率对货币供应的影响中存在较强的中介效应，货币供应对政策的敏感性要显著强于市场信息，有效说明了我国货币供应存在"宽松"更"宽"和"紧缩"更"紧"的现象。且超额持有现金与债务资本使用效率交互项对货币政策的影响说明微观企业对货币政策具有较强的理性预判，从微观视角检验了理性预期学派观点。

7.1.3　债务契约对资本使用效率影响的研究结论

本书通过借鉴理查森投资效率度量模型，将债务资本投资效率从投资效率中分割出来，并结合奥普勒等最优现金持有模型对债务资本使用效率进行测度，进而构建了债务资本使用效率测算公式，以实现对债务资本使用效率指标的度量。然后利用我国 2012～2016 年上市公司样本数据，采用多元回归分析方法，实证检验债务使用成本、债务期限水平、债务总规模、高管腐败以及两权分离度五大因素对债务资本使用效率的影响机制。并在此基础上考虑融资约束环境、企业性质对这些关系产生的调节作用。结果表明，债务使用成本、债务规模、高管腐败和两权分离度对债务资本使用效率存在显著影响，说明从投资效率中分割债务资本投资效率，并扩展至债务资本使用效率进行研究存在理论价值；进一步研究显示，融资约束与企业性质对上述影响存在较为显著的调节作用。本书最终得出如下研究结论：

（1）债务使用成本与债务资本使用效率显著负相关，债务使用成本越高，企业投资不足越严重。债务使用成本成为抑制企业提高资本使用效率的重要障碍，优化企业债务资本筹集渠道，强化市场对于债务资本的调节作用，尽可能降低金融机构贷款利率，对于破解当前"高杠杆、低效率"

的资本困境具有积极的推动作用。此外，为进一步深化研究，本书进一步考察融资约束环境和企业性质的相对调节作用。研究发现：相对于融资约束环境宽松以及企业性质为国有企业时，强融资约束环境以及非国有企业性质下，债务使用成本与债务资本使用效率负相关愈加显著。这主要是因为，一方面，随着融资约束环境趋严，企业外部间接筹资门槛变高，筹集债务资本的成本随之进一步抬高；另一方面，由于国有企业在债务筹资方面具有天然的优势，可以以更低的利率获得贷款，使得债务使用成本的波动对其实际投资行为的影响相对较小。而非国有企业由于缺乏制度保护，在实际投资过程中对于筹资成本的波动更为敏感。

（2）债务期限水平与债务资本投资不足显著负相关，债务期限越长，对企业投资不足的缓解作用越明显，并且这种关系在强融资约束下更加显著。本书通过实证研究发现，债务期限水平与债务资本使用效率没有显著的负相关关系，使得假设6-2没有验证通过。但进一步将样本分为投资不足组与投资过度组，考察债务期限水平对于债务资本两种非效率投资状态的具体影响，却发现债务期限水平与债务资本投资不足存在显著的负相关关系。可见，合理配置债务期限水平对于优化债务资源结构、提高债务资本使用效率具有重要的意义。

（3）债务总规模与债务资本使用效率显著负相关，债务规模越大，越容易导致企业债务资本投资过度，并且通过进一步研究发现，弱融资约束环境下这种关系得以进一步加强。此外，研究还发现，企业性质对于债务总规模与债务资本使用效率的调节作用并不明显，无论国有企业还是非国有企业，债务总规模都与投资过度显著正相关。这说明，在信贷资源快速膨胀的情况下，不管企业性质如何，都有可能进一步刺激投资过度行为。这为金融去杠杆政策的推行提供了一定的理论依据。企业过高的债务持有比例，一方面，会提高财务风险，增加后续筹资难度和债务使用成本；另一方面，当企业集中拥有大规模债务资本时，可能会出现债务资源浪费或者投资低效的情况（如产能过剩），进而对企业债务资本使用效率产生负面影响。

（4）两权分离度与债务资本使用效率显著负相关，并且当企业性质为国有企业时，这种负相关关系愈加显著。终极所有权结构作为现代公司治理研究的重要内容，本书着重对两权分离度与债务资本使用效率的关系进行探讨。研究表明，随着两权分离度的扩大，企业债务资本使用效率愈加趋低。其中可能的原因在于两权分离度的存在，使得控股股东利益与企业利益之间可能存在较大偏差，在做出投资决策行为时，比较容易滋生利己主义，从而损害企业整体利益，造成企业投资效率偏离最优状态。这与国内相关学者研究结论基本相似（王文杰，2014；肖彦和祝笑梅，2015）。

7.2 建议

结合本书研究结论提出如下政策建议：

（1）注重网络社会关系在公司治理和提升公司资本使用效率方面的积极作用。在网络社会关系日益重要的今天，我国公司媒体治理机制一直都是资本市场广为诟病的领域。本书研究结论有助于进一步促进我国公司发展网络社会关系，增强信息透明度。对于公众公司而言，要充分利用个人媒体时代中网络关系提升公司形象，利用网络平台构建公司自身的网络社会关系网络，增强客户黏性，并加强与公众、投资者在内的相关利益群体的互动交流，发挥他们在公司治理方面的监督作用，提高公司资本使用效率和公司价值。

（2）就债务资本基本属性而言，为切实提高债务资本使用效率，优化债务资源配置结构，企业应试图从债务资本使用成本、债务期限水平和债务总规模等方面着手进行债务资本优化安排。如，合理控制期间费用，改善企业与金融机构之间的银企关系，降低借贷利率水平；调整债务期限水平，根据项目投资周期，合理调节短期贷款与长期贷款所占的比例；严格控制债务总规模，在充分发挥财务杠杆作用的同时，预防财务风险和信用风险，避免投资过度行为的出现。

（3）就政策实施主体而言，为破解当前我国存在的实体经济高杠杆与金融信贷高杠杆并举的不良局面，有效解决中小企业融资成本高、融资渠道有限等困境，切实改善信贷资源投放环境，引导债务资本积极流向实体经济，需要政府、金融机构、企业等主体携手并肩，共同发力。

（4）政府一方面要坚定实施去杠杆、去产能等政策，降低整个社会的杠杆率水平，通过有效规范金融机构的贷款形式，整治国有企业高举债的问题，通过市场调节机制鼓励金融科技产品推陈出新，扩大中小企业筹资选择空间，如试点科创板等，减少企业对于信贷资本筹资的过度依赖，不断改善中小企业的营商环境，缓解当前投资动力不足的症状，从而切实提升债务资本使用效率水平；另一方面政府需要进一步完善公司治理等相关法律法规，强化终极所有权制度设计，限制两权分离度的过度扩张，营造良好的政商环境，减少国有企业高管腐败的发生。与此同时，强调信贷资本对实体经济的支持，改革完善货币信贷投放机制，适时运用多种金融调节工具，引导金融机构扩大信贷投放、降低贷款成本，精准有效地支持实体经济。

（5）金融机构进行企业信贷资源配置时要改变企业性质划分，重点关注企业治理水平，警惕两权分离度的演变。并且大型商业银行应多渠道补充资本，增强信贷投放能力，鼓励增加制造业中长期贷款和信用贷款。

（6）企业在进行债务资本筹资、投资活动时，需要加强全流程管理。在筹资前，要合理规划债务资本使用期限、债务筹集规模，并且做出投资决定前要利用财务方法充分预测债务使用成本与投资收益之间的利得关系。在投资过程中，一方面，需要加强项目现金流管理，做好债务资本统筹调度工作，避免债务资本出现阶段性闲余和利用不充分等问题；另一方面，不断强化终极控股股东的正面监督和内部控制制度建设，减少企业高管腐败的发生，抑制债务资本投资过度与投资不足等非效率行为的发生，从而切实提升债务资本使用效率水平。在项目投资结束后，做好投后运营管理，全面评估企业当前债务资本使用情况和自由现金流持有情况，不断关注债务资本基本属性的变化情况，为下一次债务资本筹集与投资管理奠定基础。

7.3　局限

本书运用理论分析和实证分析相结合的方法，结合网络社会关系、货币政策、债务契约等因素对债务资本使用效率的影响进行研究，分别获得了一些有价值的研究结论，但是在如下方面还有待进一步深入挖掘。

首先，就研究主体和研究方法而言，本书仅仅考虑债务资本使用效率，而对于权益资本使用效率仅仅从理论上进行必要探讨，而没有进行一定的实证检验。在指标测算方法上，由于当前对于资本投资效率的度量方法没有形成公开统一的标准，使得本书对于债务资本使用效率的测算虽具有一定的探索意义，但依然存在一些值得商榷的地方。尤其对于如何将债务资本从投资总资本中进行有效分离并单独测算方面，本书虽然在现有研究基础上进行了一定的有益探索，但不可避免存在一定的局限性。但纵观现有国内外相关文献，目前还没有找出更加科学、更加有效的测算方法，能够准确地将债务资本从项目总资本中有效分离出来。因而，本书采用的计算方法虽不具有代表性，但在一定程度上能够解释研究的问题，符合实证分析的研究需要，也是现有条件下较为可行的一种研究方法，其在一定程度上能够代表债务资本的使用情况。并且为了尽可能弥补方法上的偏差对研究结论的影响，本书一方面通过最优现金使用模型对债务资本投资效率测算指标进行修正；另一方面加强研究结论的稳健性分析，尽可能使得研究结果科学有效。针对这些局限性，在今后研究中将着重进行方法层面的改进，力争不断增强研究结论的科学性和有效性。

其次，就债务资本使用效率具体影响因素而言，影响债务资本使用效率的作用因素有许多，但限于篇幅，本书在参考现有文献研究依据的基础上，结合选取原则和研究目标，最终从微观视角出发考虑了网络社会关系、货币政策和债务契约三个方面影响因素的作用机理。由于不能较为全面地展示出其他宏观方面的影响因素（如金融环境、法律制度等），使得本书在解释力方面还有很多不足，这是本书较为遗憾的地方，也是今后研究中予以进一步完善的地方。

最后，对于控制变量的选择方面，虽然本书在解释变量、控制变量等指标度量上均借鉴现有研究领域较为普遍的做法，但在回归模型设计时是否遗漏其他相关控制变量依旧难以验证，从而使得研究结论可能具有一定的局限性。

综上所述，由于目前对于资本使用效率的研究较少，学者们还未形成统一共识，使得本书在研究方法和研究内容方面可能存在一定的局限性。本书之所以坚持将研究焦点对准资本使用效率而非投资效率，主要基于当前我国债务高企、企业债务问题较为突出的现实背景，通过本书阶段性的探索，以期得到同行学者、企业管理者以及政府部门等相关主体对于该领域研究的重视和关注，这是本书写作的初衷所在。

7.4　展望

虽然本书研究取得了部分阶段性成果，可以为企业重视网络社会关系、优化企业信贷资源配置，提高资本使用效率提供一定的经验参考和理论借鉴。但不可否认，依然存在一些研究局限性，针对以上研究不足，可以从以下几个方面进行有针对性的探索与突破。

（1）网络社会关系、债务资本使用效率等相关指标的测算和应用。当前研究对于资本使用效率的度量较为成熟，而进一步区分债务资本与股权资本，分别将其从投资效率中分割出来，进而单独测算债务资本使用效率与股权资本投资效率等相关方面的研究依旧处于相对黑箱状态。随着全球债务高企、债务问题日益严重，如何较为科学地测算债务资本使用效率，将成为未来值得关注的重要研究方向。尤其在当前我国金融去杠杆、供给侧结构改革的宏观背景下，这方面的探讨将显得更有时代意义和应用价值。通过本书的研究，以期得到同行相关学者对于该研究方向的关注，这也是本书研究的出发点所在。

（2）探讨信贷资本如何流向实体经济，提升资本使用效率相关政策建议方面的理论研究。结合第十三届全国人民代表大会政府工作报告等内容，从政府、金融机构、企业等主体出发，有效探讨资本使用效率对实体经济的支持作用，这些都可以成为未来研究值得关注的方向。

参考文献

［1］程新生，谭有超，刘建梅．非财务信息、外部融资与投资效率——基于外部制度约束的研究［J］．管理世界，2012（7）：137 - 150 + 188.

［2］陈艳等．负债融资、资本成本与公司投资效率——基于债务异质性视角的实证分析［J］．经济管理研究，2016（4）：79 - 85.

［3］陈艳，郑雅慧，秦妍．负债融资、资本成本与公司投资效率——基于债务异质性视角的实证分析［J］．经济与管理评论，2016，32（4）：79 - 86.

［4］池国华，杨金，郭菁晶．内部控制、EVA考核对非效率投资的综合治理效应研究——来自国有控股上市公司的经验证据［J］．会计研究，2016（10）：63 - 69 + 97.

［5］戴亦一等．社会资本与企业债务融资［J］．中国工业经济，2009（8）：99 - 108.

［6］邓路，刘瑞琪，江萍．公司超额银行借款会导致过度投资吗？［J］．金融研究，2017（10）：115 - 129.

［7］邓翔．中国上市公司货币资金使用效率的行业差异——基于751家上市公司的 DEA - TPDM 回归分析［J］．中南财经政法大学学报，2015，213（6）：82 - 90.

［8］邓雄，蒋中其．中国货币政策有效性的实证考察［J］．统计与决策，2006（2）：63 - 66.

［9］丁华，张梦茹．中小板上市公司资金使用效率影响因素研究

［J］. 现代商业, 2016（10）: 31 - 33.

［10］窦炜等. 控制权配置、权利制衡与公司非效率投资行为［J］. 管理评论, 2016（12）: 101 - 115.

［11］窦炜, 马莉莉, 刘星. 控制权配置、权利制衡与公司非效率投资行为［J］. 管理评论, 2016, 28（12）: 101 - 115.

［12］段云, 国瑶. 政治关系、货币政策与债务结构研究［J］. 南开管理评论, 2012（5）: 84 - 94.

［13］杜建华. 终极股东两权分离、投资者保护与过度投资［J］. 软科学, 2014, 28（7）: 72 - 75.

［14］范从来, 丁慧, 张淦. 金融改革的方向: 基于马克思借贷资本和现实资本理论的分析［J］. 经济学家, 2016（4）: 5 - 12.

［15］樊纲. 谁来给中小民营企业贷款?［J］. 科技导报, 2000（1）: 27 - 28.

［16］冯科. 我国股票市场在货币政策传导机制中作用的实证分析［J］. 中央财经大学学报, 2010（11）.

［17］付一婷, 刘慧悦. 中日货币政策"流动性陷阱"的时变弹性检验［J］. 现代日本经济, 2016（4）: 26 - 35.

［18］贺妍. 货币政策对企业投资行为的影响机制研究［D］. 苏州大学, 2016.

［19］贺妍, 罗正英. 产权性质、投资机会与货币政策利率传导机制——来自上市公司投资行为的实证检验［J］. 管理评论, 2017, 29（11）: 28 - 40.

［20］何振, 货币政策对企业投资效率的影响——一个文献综述［J］. 中南财经政法大学研究生学报, 2015（3）: 98 - 101.

［21］黄荷暑, 许启发. 企业社会责任、银行信贷与投资行为——基于中介效应的检验［J］. 商业经济与管理, 2017（11）: 49 - 59 +96.

［22］黄珺, 黄妮. 过度投资、债务结构与治理效应——来自中国房地产上市公司的经验证据［J］. 会计研究, 2012（9）: 67 - 72.

［23］黄乾富，沈红波．债务来源、债务期限结构与现金流的过度投资——基于中国制造业上市公司的实证证据［J］．金融研究，2009（9）：143－155．

［24］黄志忠，谢军．宏观货币政策、区域金融发展和企业融资约束——货币政策传导机制的微观证据［J］．会计研究，2013（1）．

［25］花中东，贾子超，徐睿阳，廖明情．上市公司债务结构会影响投资效率吗？［J］．金融评论，2017，9（1）：78－93＋125－126．

［26］胡晓，刘斌，蒋水全．产品市场竞争、税收规避与资本投资——基于资金压力和代理成本视角的实证考察［J］．经济评论，2017（1）：90－105．

［27］姜国华，饶品贵．宏观经济政策与微观企业行为——拓展会计与财务研究新领域［J］．会计研究，2011（3）：9－18．

［28］江伟．金融发展、银行贷款与公司投资［J］．金融研究，2011（4）．

［29］靳庆鲁，孔祥，侯青川．货币政策、民营企业投资效率与公司期权价值［J］．经济研究，2012（3）．

［30］靳庆鲁，孔祥，侯青川．货币政策、民营公司投资效率与公司期权价值［J］．经济研究，2012，3（5）：96－106．

［31］靳庆鲁，孔祥，侯青川．货币政策、非国有企业投资效率与公司期权价值［J］．经济研究，2012，47（5）：96－106．

［32］连军，吴霞，刘星．货币政策、财务冗余与企业 R&D 投资［J］．贵州社会科学，2018（6）．

［33］李海海，苏钰．资本结构对我国货币政策产业效应影响的研究［J］．中央财经大学学报，2017（1）：31－38．

［34］李卉等．货币政策、通货膨胀与企业债务融资的实证分析［J］．统计与决策，2013（21）：167－169．

［35］李强等．非效率投资与债务结构：来自中国的实证证据［J］．投资研究，2014，33（3）：66－79．

［36］李强，曾勇．基于实物期权的技术创新非效率投资行为［J］．系统工程理论与实践，2009，29（2）：18－29．

［37］李强，纪佳君，巨航宇．非效率投资与债务结构：来自中国的实证证据［J］．投资研究，2014，33（3）：66－79．

［38］李仁仁，肖治刚．债务期限结构与公司过度投资关系理论分析［J］．现代商贸工业，2012（11）：101－102．

［39］李胜楠．我国上市公司银行贷款与投资行为的关系研究——基于终极控制人性质调节效应的分析［J］．管理学报，2011，8（3）：464－470．

［40］刘海明，曹廷求．基于微观主体内生互动视角的货币政策效应研究［J］．经济研究，2016（5）：159－171．

［41］刘慧龙，王成方，吴联生．决策权配置、盈余管理与投资效率［J］．经济研究，2014，49（8）：93－106．

［42］刘伟，王汝芳．中国资本市场效率实证分析——直接融资与间接融资效率比较［J］．金融研究，2006（1）：64－73．

［43］李焰，秦义虎，张肖飞．企业产权、管理者背景特征与投资效率［J］．管理世界，2011（1）：135－144．

［44］李延喜，曾伟强，马壮，陈克兢．外部治理环境、产权性质与上市公司投资效率［J］．南开管理评论，2015，18（1）：25－36．

［45］陆嘉玮，陈文强，贾生华．债务来源、产权性质与房地产企业过度投资［J］．经济与管理研究，2016，37（9）：126－136．

［46］陆正飞，杨德明．商业信用：替代性融资，还是买方市场？［J］．管理世界，2011（4）：6－14．

［47］陆正飞，祝继高，樊铮．银根紧缩、信贷歧视与民营上市公司投资者利益损失［J］．金融研究，2009（8）：124－136．

［48］吕长江，张海平．股权激励计划对公司投资行为的影响［J］．管理世界，2011（11）：118－126．

［49］马红，王元月．基于宏观经济政策视角的我国企业负债融资研究

[J]. 中国管理科学, 2016, 24 (5): 158 – 167.

[50] 马文超. 货币政策与企业债务融资: 总量序列分析 [J]. 南京审计学院学报, 2013 (3): 53 – 63.

[51] 苗艳杰. 负债来源结构对企业非效率投资行为的影响研究 [D]. 厦门大学, 2014.

[52] 裴平, 熊鹏. 我国货币政策传导过程中的"渗漏"效应 [J]. 经济研究, 2003 (8): 21 – 27.

[53] 邵林. 银企关系对债务融资和企业投资效率的影响 [J]. 财经问题研究, 2018 (9): 76 – 82.

[54] 沈红波, 寇宏, 张川. 金融发展、融资约束与企业投资效率的实证研究 [J]. 中国工业经济, 2010 (6).

[55] 申慧慧, 于鹏, 吴联生. 国有股权、环境不确定性与投资效率 [J]. 经济研究, 2012, 47 (7): 113 – 126.

[56] 谭本艳, 胡雅菁. 会计信息质量、债务期限结构与投资效率——基于中国上市公司的实证研究 [J]. 财务与金融, 2016 (6): 20 – 27.

[57] 唐建新. 融资约束与政治关系——来自深证中小板的数据 [J]. 财会通讯, 2010.

[58] 佟爱琴, 洪棉棉. 产权性质、负债融资与公司投资行为 [J]. 南京审计学院学报, 2015 (2): 73 – 80.

[59] 王春艳. 货币政策对企业投资的影响 [D]. 南京财经大学, 2018.

[60] 王茂林, 何玉润, 林慧婷. 管理层权力、现金股利与企业投资效率 [J]. 南开管理评论, 2014, 17 (2): 13 – 22.

[61] 王裕, 白凤至, 刘力一. 管理者权力、债务治理与过度投资的研究综述 [J]. 现代管理科学, 2015 (2): 39 – 41.

[62] 王仲兵, 王攀娜. 放松卖空管制与企业投资效率——来自中国资本市场的经验证据 [J]. 会计研究, 2018 (9): 80 – 87.

[63] 吴敬琏. 中国经济转型的困难与出路 [J]. 中国改革, 2008

（2）：8 – 13.

[64] 吴可，施文先．货币政策降低微小企业债务融资成本的效果分析 [J]．会计之友，2016（20）：52 – 54.

[65] 武文杰．环境不确性、融资约束与企业资本成本 [D]．山西财经大学，2016.

[66] 肖作平．公司治理影响债务期限结构类型吗？——来自中国上市公司的经验证据 [J]．管理工程学报，2010，24（1）：110 – 123 + 89.

[67] 解陆一．银行贷款对公司投资效率的影响 [J]．投资研究，2013，32（12）：3 – 16.

[68] 辛清泉等．政府控制、经理薪酬与资本投资 [J]．经济研究，2007（7）：44 – 52.

[69] 辛清泉，林斌，王彦超．政府控制、经理薪酬与资本投资 [J]．经济研究，2007（8）：110 – 122.

[70] 熊虎，沈坤荣．地方政府债务对非国有企业投资效率的影响研究 [J]．当代财经，2019（2）：37 – 48.

[71] 杨继伟．制度环境、治理结构与投资效率 [J]．山西财经大学学报，2016，38（8）：77 – 89.

[72] 杨松令，吴平，刘亭立．宏观经济环境与我国上市公司的目标债务结构——基于存量调整模型的实证研究 [J]．商业研究，2018（8）：144 – 150.

[73] 杨小平．政府干预、终极所有权与现金持有策略 [D]．西南交通大学，2014.

[74] 杨晓玮．金融生态环境、融资约束与资本成本 [D]．首都经济贸易大学，2015.

[75] 易宪容，袁秀明．金融抑制下低利率政策对我国经济成长负效应分析 [J]．上海金融学院学报，2006（6）：14 – 19.

[76] 油晓峰．我国上市公司负债融资与过度投资治理 [J]．财贸经济，2006（10）.

［77］俞红海，徐龙炳，陈百助. 终极控股股东控制权与自由现金流过度投资［J］. 经济研究，2010，45（8）：103－114.

［78］喻坤，李治国，张晓蓉，徐剑刚. 公司投资效率之谜，融资约束假说与货币政策冲击［J］. 经济研究，2014（5）：106－120.

［79］宇文晶等. 债务期限结构与过度投资的敏感性分析——基于上市公司所有制差异［J］. 财会月刊，2015（12）：70－73.

［80］张丽莉，李秀敏. 基于不同中介目标的中国货币政策效应比较研究［J］. 东北师大学报，2014（6）：36－41.

［81］张亦春，李晚春. 货币政策与上市企业投资效率——基于未预期的风险投资和机构投资者的研究［J］. 厦门大学学报，2015（1）：90－98.

［82］张亦春，李晚春，彭江. 债权治理对企业投资效率的作用研究——来自中国上市公司的经验证据［J］. 金融研究，2015（7）：190－203.

［83］张勇. 紧缩性政策下银行信贷资金期限配置行为分析［J］. 南京审计学院学报，2011（3）.

［84］战明华，胡剑锋. 信贷内生扩张能力、投资外生收益冲击与价格波动——对我国投资与通胀关系的一个新的解释视角［J］. 数量经济技术经济研究，2008，25（3）：126－136.

［85］周小川. 新世纪以来中国货币政策的主要特点［J］. 中国金融，2013（2）：4－10.

［86］邹颖，汪平，李思. 公司投资供给效应的资本成本约束［J］. 经济管理，2016，38（4）：117－129.

［87］Abor, Biekpe. Product Market Competition and Agency Costs［J］. *Journal of Industrial Economics*, 2007, 55（2）：289－323.

［88］Aivazian V. A. , Ge Y. and Qiu J. The Impact of Debterage on Firm Investment：Canadian Evidance［J］. *Jounal of Corporate Finance*, 2005（11）：277－291.

［89］Barnea A. , Haugen R. A. and Senbet L. W. A Rationale for Debt Maturity Structure and Call Provisions in the Agency Theoretic Framework［J］.

The Journal of Finance, 1980 (35): 1223 –1234.

[90] Barnea, Haugen, Senbet. A Rationale for Debt Maturity Structure and Call Provisions in the Agency Theoretic Framework [J]. *Journal of Finance*, 1980, 35 (11): 1223 –1234.

[91] Baum C. F. , D. Schfer, O. Talavera. The Impact of the Financial System's Structure on Firms' Financial Constraints [J]. *Journal of International Money and Finance*, 2011 (30) .

[92] Benlemlih M. , Bitar M. Corporate Social Responsibility and Investment Efficiency [J]. *Journal of Business Ethics*, 2016, 35 (16): 1 –25.

[93] Bernanke B, Gertler M. Inside the Black Box: The Credit Channel of Monetary Transmission [J]. *Journal of Economic Perspectives*, 1995 (9): 27 –48.

[94] Bernanke, B. S. , A. S. Blinder. The Federal Funds Rate and the Channels of Monetary Transmission [J]. *American Economic Review*, 1992 (82) .

[95] Bernanke, B. S. , A. S. Gerlter. Credit, Money, and Aggregate Demand [J]. *American Economic Review*, 1995 (78) .

[96] Chen S. , Z. Sun, S. Tang, Wu. Government Intervention and Investment Efficiency: Evidence from China [J]. *Journal of Corporate Finance*, 2012 (67) .

[97] Childs P. D. , D. C. Mauer and S. H. Ott. Interactions of Corporate Financing and Investment Decisions: The Effects of Agency Conflicts [J]. *Journal of Financial Economics*, 2005, 76 (3): 667 –690.

[98] Christiano L. J. Eichenbaum M. Current Real-Business-Cycle Theories and Aggregate Labor-Market Fluctuations [J]. *American Economic Review*, 1992, 82 (3): 430 –450.

[99] D. Qin and H. Song. Sources of Investment Inefficiency: The Case of Fixed-Asset Investment in China [J]. *Journal of Development Economics*, Vol. 90, No. 1, 2009, pp. 74 –145. doi: 10. 1016/j. jdeveco. 2008. 06. 001.

［100］ Diamond DW. Debt Maturity and Liquidity Risk ［J］. *Quarterly Journal of Econanics*, 1991, 106 （3）: 709 –737.

［101］ Domenico Delli Gatti, Mauro Gallegati, Bruce Greenwald, Alberto Russo, Joseph E. Stiglitz. The Financial Accelerator in an Evolving Credit Network ［J］. *Journal of Economic Dynamics and Control*, 2010 （9） .

［102］ E. F. Fama, M. H. Miller. The Theory of Finance ［J］. *Journal of Money Credit & Banking*, 1974, 5 （1）: 229.

［103］ E. S. Phelps, J. B. Taylor, Stabilizing Powers of Monetary Policy under Rational Expectations ［J］. *Journal of Political Economy*, 1977, 85 （1）: 163 –190.

［104］ Fazzari S, Hubbard R G Petersen B. Financing Constraints and Corporate Investment ［J］. *Brookings Papers on Economic Activities*, 1988, 19 （1）: 141 –206.

［105］ Fazzari S. M. , Hubbard R. G. , Petersen B. C. , Blinder A. S. & Poterba J. M. Financing Constraints and Corporate Investment ［J］. *Brookings Papers on Economic Activity*, 1988 （1）: 141 –195.

［106］ Gatti D. D. , Mauro G. , Bruce G. , Alberto R. , Joseph E. S. The Financial Accelerator in an Evolving Credit Network ［J］. *Journal of Economic Dynamics and Control*, 2010, 34 （9）: 1627 –1650.

［107］ Granger, C. W. J. Investigation Causal Relations by Econometric Models and Cross-Spectral Methods ［J］. *Econometrica*, 1969 （37）: 424 –438.

［108］ Hackbarth D. and Mauer D. C. , Optimal Priority Structur ［J］. *Capital Structure and Investment*. Working Paper, 2009.

［109］ Hart O, Moore J. Debt and Seniority: An Analysis of Hard Claims in Constraining Management ［J］. *American Economic Review*, 1995, 85 （3）: 567 –587.

［110］ Hart O. Corporate Governance: Some Theory and Implications ［J］. *Economic Journal*, 1995, 105 （430）: 678 –689.

[111] Hart, Moore. Debt and Seniority: Ananaly Insofar Claims in Constraining Management [J]. *American Economic Review*, 1995 (85): 567 –587.

[112] Hicks, J. R., Mr. Keynes and the Classics: A Suggested Interpretation [J]. *Econometrics*, 1937 (5).

[113] Hu T. W., Ong, M., Lin, Z. H., Li, E. The Effects of Economic Reform on Health Insurance and the Financial Burden for Urban Workers in China [J]. *Health Economics*, 1999, 8 (4): 309.

[114] Jensen, M. C. Agency Costs of Free Cash Flow, Corporate Finance and Takeovers [J]. *American Economics Review*, 1986, 76 (2): 323 –329.

[115] Jensen, M. C., W. Meckling, Theory of the Firm: Managerial Behavior, Ageney Costs and Capital Strueture [J]. *Journal of Financial Economics*, 1976 (3): 11 –25.

[116] Kaplan S. and Zingales L. Do Investment-Cash Flow Sensitivities Province Useful Measures of Financing Constraints? [J]. *Quarterly Journal of Economics*, 1997 (112): 169 –215.

[117] Kashyap A. K., Stein J. C., Wilcox D. W. Monetary Policy and Credit Conditions: Evidence from the Composition of External Finance [J]. *AmericanEconomic Review*, 1993 (83): 78 –98.

[118] King S. R. Monetary Transmission: Through Bank Loans or Bank Liabilities? [J]. *Journal of Money Credit & Banking*, 1986, 18 (3): 290 –303.

[119] L. Zingales, R. G. Rajan. Banks and Markets: The Changing Character of European Finance [J]. *Cepr Discussion Papers*, 2003.

[120] Lai, K. W. The Cost of Debt When All-Equity Firms Raise Finance: The Role of Investment Opportunities, Audit Quality and Debt Maturity [J]. *Journal of Banking and Finance*, 2011, 35 (8): 1931 –1940.

[121] Lang, Ofek, Stulz. Leverage, Investment and Firm Growth [J]. *Journal of Financial Economics*, 1996 (40): 3 –29.

[122] M Goodfriend, Monetary Policy Comes of Age: A 20th Century Od-

yssey [J]. *Social Science Electronic Publishing*, 1997, 83 (1): 1 – 22.

[123] MA Petersen R. G. , Rajan. The Benefits of Firm-Creditor Relation-ships: Evidence from Small Business Data [J]. *Physical Review B*, 1993.

[124] McConnell, J. , Servaes, H. Equity Ownership and the Two Faces of Debt [J]. *Journal of Financial Economics*, 1995 (39): 131 – 157.

[125] Myers S. C. Detemtinants of Corporate Borrowing [J]. *Journal of Financial Economics*, 1977, 5 (2): 147 – 175.

[126] Myers, S. , Information N. Majluf. Corporate Financing and Investment Decisions When Firms Have Investors Do Not Have [J]. *Journal of Financial Economics*, 1984, 13 (2): 187 – 221.

[127] Myers. Determinants of Corporate Borrowing [J]. *Journal of Financial Economics*, 1977 (17): 147 – 176.

[128] Opler T. , Pinkowitz L. , Stulz R. , et al. The Determinants and Implications of Corporate Cash Holdings [J]. *Journal of Financial Economics*, 1999 (52): 3 – 46.

[129] Ranjan D'Mello, Mercedes Miranda. Long-term Debt and Overinvest-ment Agency Problem [J]. *Journal of Banking & Finance*, 2009, 34 (2): 324 – 335.

[130] Richardson Scott. Overinvestment of Free Cash Flows [J]. *Review of Accounting Studies*, 2006, 11 (2 – 3): 159 – 189.

[131] Richardson, Scott. Over-investment of Free Cash Flows [J]. *Review of Accounting Studies*, 2006 (11): 159 – 189.

[132] Sanders J. M. , Nee V. Problems in Resolving the Enclave Economy Debate [J]. *American Sociological Review*, 1992, 57 (3): 415.

[133] Sarkar. Illiquidity Risk, Project Characteristics and the Optimal Maturity of Corporation Debt [J]. *Journal of Finance*, 1999 (3): 163 – 187.

[134] Stein J. Agency Information and Corporate Investment [EB/OL]. Working Paper, 2001 – 06 – 10.

［135］ Stulz R. Managerial Discretion and Optimal Financing Policies ［J］. *Journal of Financial Economics*, 1990, 26（1）: 3 – 27.

［136］ Titman, S. The Effect of Capital Structure on a Firm's Liquidation Decision ［J］. *Journal of Financial Economics*, 1984（13）: 137 – 155.

［137］ Vogt, S. The Cash Flow/Investment Relationship Evidence from U. S. Manufacturing Firms ［J］. *Financial Management*, 1994, 23（2）: 3 – 20.

［138］ Zwiebel J. Dynamic. Capital Structure under Managerial Entrenchment ［J］. *American Economic Review*, 1996（86）: 423 – 443.